Der Buddhismus

als

religions-philosophisches System.

––––––

Vortrag

gehalten in der Aula des kgl. Museum für Völkerkunde zu Berlin

von

A. Bastian.

––––––

Mit 3 Tafeln.

––––––

Berlin.

Weidmannsche Buchhandlung.

1893.

Der Buddhismus pflegt als weitestverbreitete aller Religionen bezeichnet zu werden, und obwohl, was die Bevölkerungsverhältnisse angeht, verschiedenartige Berechnungsweisen gültig bleiben, kann, räumlich genommen, doch ein Einwand dagegen nicht erhoben werden, dass bei keiner andern Religion des Erdballs eine gleich weite Verbreitung sich antrifft, — jedenfalls in Bezugnahme auf die alte Welt, ehe seit dem, durch die Nationen des Christenthums eröffneten, Entdeckungsalter ihr Glaubensbekenntniss über den gesammten Globus dahingetragen worden ist.

Nicht nur ganz Asien hat der Buddhismus durchwandert, thatsächlich bestätigt im Süden, Osten und Norden (unter wechselnden Verschiebungen mit parsischem Feuerdienst, und dann dem Islam, auf centralen Landgebieten), sondern zersprengte Ausläufer seines Glaubens wandern bis nach Europa hinein. Als die für das Christenthum streitenden Grossfürsten an der Kalka erlegen waren, hatten sie späterhin den der Goldenen Horde schuldigen Tribut an buddhistische Herrscher abzuliefern, und als auf dem Schlachtfelde von Liegnitz das Kreuz zur Flucht sich wandte, stand der Westen wehrlos offen, da der durch des Papstes Bannstrahl gelähmte Kaiser von Italien her unmächtig zuzuschauen hatte. Die durch den, (mit Oktai's Todesnachricht), vorhergesehenen Thronwechsel abberufenen Sieger waren bereits durch Dschingis-Khan's (des Gewaltigsten unter den Weltenstürmern) demuthsvolle Huldigung unter den Schutz der Lamas, unter die Hut ihrer wunderkräftigen Gebete gestellt, und als dieselben durch Kublai-Khan ihre officielle Anerkennung erhalten hatten, vollzog sich eine Umwandlung, wie sie die Geschichte (mit gleich durchschlagendem Effecte) kaum jemals sonst gesehen. Wo die von altersher in

1*

den Verwüstungen der Gog und Magog schreckenden Tartaren
(in eines heiligen Königs Vision, oder Version) sich an Errichtung
von Schädelpyramiden ergötzt hatten, wo aus, die Hiongnu und
Hunnen einigenden, Wurzeln wiederholentlich Sturmesfluthen auf-
gebraust waren, deren Wellenschlag fortzitterte bis an die chine-
sische Mauer einer- und, andrer-seits, bis an die Eisenthore Der-
bends, da weiden jetzt die Heerden thatenloser Nomaden, die
aus ihrem irdisch ziellosen Vagabondenleben die Klöster der Chu-
tuktu füllen, mit Bettelmönchen und Coenobiten.

An den Grenzen Nepal's (in Kapilawatthu) stand die indische
Wiege des gegenwärtigen Buddha, des vierten unter den fünfen
der laufenden Periode, aber ein ungezähltes Glied in der zahl-
losen Reihe der vorangegangenen Tathagata, die aus altersgrauem
Hintergrunde herschreitend, zuerst mit dem »Buddha der Morgen-
röthe«, mit Dipankara hervortritt, als dem Ersten, von welchem
Traditionen erhalten sind, und dem Einundzwanzigsten in der
Zahl, wenn bis auf ihn zurückgerechnet wird (in Siebenzahl).*)

Als unter dem Enkel jenes Sandracottus oder Chandragupta,
an dessen Hofe zu Palibrotha der seleucidische Gesandte seine
von Strabo bewahrten Nachrichten aufzeichnete, über die Prasier
(die Gangariden und Gandariden), unter Asoka nämlich, dem
durch die Edicte seiner Steinpfeiler im Character eines Constan-
tinus redenden Begründer einer »ecclesia triumphans« —, als damals die auf dem dritten Concil versammelten Patriarchen desselben glaubenseifrige Sendboten ordinirten für alle Theile nächst
bekannter Welt, finden sich auf den Feldern der Bekehrungsthätig-
keit auch die Javana (Yon oder Jonier) erwähnt, (obwohl, was
über Alasadda hinzukommt, eher auf ein Alexandranopolis oder
»kaukasisches« Alexandreia gedeutet werden mag).

*) Nachdem (aus Durchwanderungen niederer Wesensklassen hervor-
tretend) ein erster Gedankenkeim zur Erreichung des Buddhathums sich
geregt hatte (in einer von 125,000 Buddha-Erscheinungen umgriffenen
Periode) — und unter Förderung solches Strebens durch die Ermunterung
des Buddha Shakiamuni-Purana-Gautama (unter 987,000 Buddhas) — erhielt
durch den Buddha Dipankara (den 21. von 27 Buddhas) der Eremit Sumada
die Zusage künftiger Berufung (als vierter in der Bhadra genannten Periode), in Nachfolgeschaft Kasyapa's, für Wiedergeburt des Königs Wessan-
tara im Himmel Tushita, wo gegenwärtig (in der Rolle eines Paraklet) der
fünfte Buddha (Maitreya) weilt, als Phaya-Alaun oder embryonaler Buddha,
weil noch in der Ausreifung begriffen (bis zur Fülle der Zeit).

Damals auch wurde durch den Sohn des »göttergeliebten, liebe-
voll gesinnten« Monarchen Magadha's, durch den Prinzen Mahinda,
ein Ableger des Bodhi-Baums nach Ceylon verpflanzt, und Lanka's
heilige Insel bildete nun den Mittelpunkt der südlichen Lehre,
von wo der Apostel Buddhagosa auszog, die Länder Hinterindiens
zu bekehren, Birma (aus den Anlandungen in Tathung) und Siam,
als ihm der Prachtbau Angkor Vat's (in Kambodia) zur Umwandlung in ein Kloster übergeben war. Unter Kaiser Ming-ti gelangte der Buddhismus, in der Form des Foismus, nach China,
über Korea sodann nach Japan, und mit Einführung des Alphabets
unter König Srongtsan Ganpo fand die Installirung in Tibet statt,
um sich vom Hochsitz in den Schneebergen, unter der Erweite-
rung des Hinajana zum Mahajana, bis zu den Buräten Sibiriens
allmälig zu verbreiten, und allüberall durch den Continent, in
dessen Herzen die Pilger aus dem Mittelreich von den in Sogdiana
bezeugten Klöstern des Buddhismus (bei ihrer Durchreise) noch
zu erzählen wissen. Auch in den Mittelmeerländern hat manchen
Ohren buddhistisch geklungen, was in die Gnosis hineingezogen
wurde, und neben den Beziehungen eines manichäischen Scy-
thianus zu Sakya-muni kam mancherlei international Zusammen-
gerütteltes auf dem ägyptischen Weltmarkt zusammen (als Am-
monius Saccas dort lehrte).

Aus der arabischen Halbinsel erhalten sich Erinnerungen
(seit sabäischen Handelsverbindungen) in den Ueberlieferungen
der Jainas, deren in Vorder-Indien trotz brahmanischer Opposition
(und Sankacharya's Verfolgungen) festgewurzelter Seitenzweig des
Buddhismus, durch dessen Banyanen (im Zusammengehen mit den
aus Krishna's vishnuitischen Avataren verwandten) bei Einleitung
eines afrikanischen Verkehrs — aus einstiger Geschäftsbeflissenheit
(ehe das Zwischenschieben perso-arabischer Concurrenz die Durch-
querung nach Westen abschnitt) — wie commercielle auch religiös-
ceremonielle Niederschläge zurückgelassen haben könnte (in den
längs des Laufes des Congo verfolgten Andeutungen, bis Angoy u. w.).

Die, auf Grund chinesischer Schiffersagen, ihre buddhistischen
Missionare nach den Küsten des Toltekenreiches führenden Hypo-
thesen, (über Fu-sang), haben sich soweit nicht als stichhaltig er-
wiesen auf dem Prüfstein der Kritik, und wie die für Buddha (am
Odhin's Tag) stimmenden Stimmen stimmen mögen mit Votan oder
Wodan, bleibt den Hieroglyphenschriften der Maya anheimgestellt

(auf etwaige Entzifferungen hin), aber das in Java's grossartigen Trümmerstätten dem Buddhismus gesetzte Denkmal hat sich noch auf anderen Eilanden des indischen Archipelagos in unverkennbaren Eindrücken erhalten, deren Spuren vielleicht weiterhin nachzugehen wäre, bis weit in Oceanien hinein und die in seiner Weite weitgestreuten Inselgruppen.

Wie nun Alles dies unter den Vorgängern Gotama's sich verhalten haben mag: jedenfalls bleibt allen Bewohnern des Erdenrunds unvertilgbar eingeschrieben derjenige Sehnsuchtszug, der den in Prunk und üppiger Pracht erzogenen Königssohn zur Anlegung des Büssergewandes veranlasste, als ihm die drei Wahrzeichen erschienen waren, beim Anblick des Alters, der Krankheit, des Todes, als der Schmerz ihn erfasste um das Leid des Lebens, und nun die Betrachtung hingerichtet wurde auf den zur Befreiung führenden Pfad (in den Megga).

So gestaltet sich das unter Buddha's, des Erleuchteten, Namen als Buddhismus zusammengefasste Lehrsystem zu einer Religionsphilosophie, in der, um den Causalzusammenhang des Wirklichen zu erklären, eine einheitliche Weltanschauung gewahrt ist, ohne jene Discrepanz zwischen Glaube und Wissen, wie sie anderswo zu einer doppelten Buchhaltung geführt hat.

Dasselbe gilt für das Shad-darsanas derjenigen Philosophien, die aus den Upanishad der Veden, und ihren (den Rishi der Vorzeit enthüllten) Offenbarungen, sich zu einer methodischen Form abrunden.

Als seit Anpflanzung der Sanscrit-Forschung durch die »Asiatic Society« in Calcutta, Ende vorigen Jahrhunderts, mit Anfang des gegenwärtigen diese bis dahin nur gerüchtweise bekannten Systeme in den Gesichtskreis europäischer Geschichtskenntniss eintraten, trafen sie mit einem überwältigenden Eindruck, der bis heute nachklingt in der Geschichte unserer Philosophie. Schelling, der stolze Chorführer damaliger Naturphilosophie, dessen Verheissungen einer Religionsphilosophie in seiner »positiven Philosophie« (zum dauernden Bündniss zwischen Glauben und Wissen) mit Spannung gerade erwartet wurden, verhehlte nicht sein Staunen vor diesen in Sphinxfragen räthselnden Colossen, den Enthüllungen einer »brahmanischen Urweisheit«*) (nach landläufig beliebter

*) Die hochantike Originalität Hindostans (cf. N. Müller) „leitet zu der Ueberzeugung, dass dieses Land die Urwiege alles Glaubens, alles

Terminologie), und obwohl solche Ausgeburten tropisch über-
wuchernder Phantasie (in den monströsen Verschnörkelungen
allegorischer Symbolik) ästhetische Naturen — (poetisch angelegte
in »Schöner Literatur«) — zurückzustossen pflegten, dienten sie
doch, in der Wuchtigkeit inneren Gehaltes zerfallend, zu einem Mo-
numentalbau, in dessen morschen Fugen Schopenhauer die Saat
parasitisch-pessimistischer Verneinungslehren, in Rein-Cultur, zu
züchten suchte. Als »grösster Vorzug«, den das, am Datum
solches Ausspruches (im Jahre 1818), »noch junge Jahrhundert«
aufzuweisen hätte, galt diese, der classischen Erneuerung (in der
Renaissance) ebenwerthig geachtete Revelation, die zunächst freilich, gleich jener, der Philologie zu Gute zu kommen hatte, um
vorerst, mit diplomatischer Genauigkeit, die Texte selber zu prüfen
(ehe höhere Interessen darauf hin riskirt werden dürften).

Im Uebrigen erklärt sich aus der Sachlage einfach genug die
Imposanz, mit welcher solch' exotische Erzeugnisse eines, unter
fremdartigem Himmelsstriche gepflegten, Wachsthumsprocesses
(psychischer Art) dort vor Augen traten, wo ein nüchternes
Denken an bescheidenere Dimensionen und correcteres Ebenmass
gewöhnt war.

Unter Zertheilung des bisher umhüllenden Nebels schwankte
mit gigantischen Umrissen hervor, was unter Beleuchtung durch
das an commentarischer Forschung entzündete Licht eine deut-
lichere Begrenzung erhielt, in Formgestaltungen solch' religiöser
und philosophischer Systeme.

Sie repräsentiren aus verschleierter Vorzeit aufdämmernde
Schöpfungswerke, woran der Menschengeist unter contemplativ-
stagnirender Umgebung (in historisch-geographischer Provinz) Jahr-
tausende hindurch ungestört fortgearbeitet hat, sein Bereich nach
allen Richtungen, nach allen Kreuz- und Querzügen durchwan-
dernd, um auf jede Frage, die das arme Menschenherz bekümmert,
eine Antwort zu finden, so gut und so schlecht es nun gehen
mag, mit dem metaphysischen Bau-Apparat kühnster Speculation,
— und so standen sie da, als ungeheuerliche Hünen-Gestalten, riesig
ungeschlachtete zwar, aber dennoch aus einem Gusse gleichsam,
die verschiedensten Phasen geistiger Entwickelung umgreifend (eng

---

Wissens und aller Kunst der uns bekannten Welt gewesen sein müsse"
(1820), freilich mit „verrücktesten Götzen" (im west-östlichen Divan), gleich
Briareus (ἑκατόγχειρος) vielleicht (oder einem Thurs Thrihöfdhudhr).

in einander gefügt verbunden). Solchem Vergleichungsmasse gegenüber schrumpfte es diminutiv zusammen, mit den philosophischen Systemen auf westlichem Continente, wo sie sich jagen und drängen in unablässiger Hast, einander stürzen und überstürzen, ehe das eine halbfertig geworden kaum war, ein anderes hervortreibend, innerhalb kurzer Spanne eines einzelnen Menschenlebens, (oder höchstens in der Lebensdauer der den Stifter umgebenden Schulrichtung).

Nur vereinzelt überdauert die Nachwirkung eines Meisters die Periodicität der Geschichtsepochen, wie aus der Classicität der Name Plato's forttönt in der Scholastik, in den Theodiceen, im absoluten Idealismus, und ebenso Aristoteles durchgreifend unter denen, die ihm folgen (soweit er unter neumodischen Umkleidungen sich selber noch wiederkennen dürfte). Das jedoch sind Ausnahmen; und je reger das Geistesleben erwacht, desto mehr verkürzt sich die Lebensfähigkeit eines Schuldogmas. Seit letzter kritischer Reform der Philosophie liesse sich ein Halbdutzend momentan prädominirender Systeme aufzählen, alle zusammengedrängt, in etwa einem halben Jahrhundert.

So fanden sich die in hitzigen Wortgefechten um die Hegemonie streitenden Prätensionen in eine ärmliche Rolle herabgedrückt vor den indischen Giganten, aus denen die Stimme der Saecula saeculorum redete mit dem, was sie zu verkünden meinten. Da sie Musse gehabt, ihr Material aus dem ganzen Umfang ihres heimischen »Globus intellectualis« zusammenzusammeln, so treffen sich dort (auf einer Mustertafel gleichsam ausgelegt) all' die bei ethnischem Durchwandern des Erdballs vorfindlichen Elementargedanken (wie sie, in einer oder anderer Art, jedem System zu Grunde liegen müssen, wenn überhaupt lebensfähig), aus vereinzelter Zerstreuung nahe zusammengerückt und in einander verschmolzen, zum Ausproben der Denkmöglichkeiten. Insofern bildet der Buddhismus für ethnisch-psychische Studien (als Experimentir-Object) ein ausnehmend lehrreiches Paradigma (zum vergleichenden Ueberblick), während es als ein wunderliches Missverständ erachtet werden muss, wenn man diese altehrwürdige Scharteke des beschaulichen Indien zu einem neuen Evangelium auszuputzen anempfiehlt*), in unserer zu thatkräftigem Schaffen be-

---

*) Theoretisch liesse sich aus der buddhistischen Moral (und ihrer Maitri einstigen Maitreya's) das reinste Ideal entwerfen für liebevolle

rufenen Zeit, die lebt vom Kampf und Streit, in stetem Ringen nach Höherem und Besserem, und so die dogmatischen Systeme frühreif erstickend, um frische Schosse fortzuspriessen auf ihrem naturgemässen Boden, wie in unserem »naturwissenschaftlichen Zeitalter gebreitet (für Zutritt der Psychologie, als Naturwissenschaft).

Für die Lehre von den Elementargedanken dagegen, zur Verwendung der inductiven Forschungsmethode, bietet (wie gesagt) der Buddhismus ein geeignetstes Beobachtungsfeld, das reichste Ernten verspricht, nachdem die Cultivation einer naturwissenschaftlichen Psychologie in ernstliche Pflege genommen sein wird. Gerade weil die dortige Culturgeschichte durch einen Scheidungsstrich von der unserigen abgetrennt gewesen, sind in den philosophischen Systemen Indiens comparativ belehrende Seitenstücke höchsten Werthes zur Verfügung gestellt (für comparative Materialbeschaffung).

Die Nyaya liefert (in ihren Paramanu und deren Specificitäten nach Vishesha der Vaisheshika) die indische Version zu den Atomen Leukipp's und Democrit's oder Epikur's, in Gassendi's moderner Fassung (und die beseelten Monaden drängen sich auf in den Controversen zwischen Ajiva und Jiva), die Vedanta wiederholt die Perilampsis Plotin's und stellt pantheistische Fragen über »Deus sive natura«, die Sankhya Kapila's entwickelt (in Prakriti's Tattva), was Scotus Erigena aus areopagitischen Schriften zusammengetragen hatte für die nachfolgenden nominalistischen und realistischen Ausfeilungen, die Yoga steigt auf an den »gradus ad contemplationem« der Victoriner (und Stimmungsgenossen), während Alles das und mehr im Buddhismus sich noch verbindet mit Corpusculartheorien aus der Stoa bis auf Hobbes, mit Locke's Sensualismus sodann, [unter derjenigen Ergänzung (in Doppelung der Ayatana), wie sie Leibnitz (in der prästabilirten Harmonie) der »tabula rasa« (Aeg. Romanus') zugefügt hatte], mit dem

---

Menschenverbrüderung (stoischen Kosmopolitismus'), wenn die königliche Warnung, im Hinweis auf die „Bestie" drinnen, ungehört beachtlos gelassen werden dürfte, während nun, dem Thatbefunde gemäss (sofern kein naturwissenschaftliches Veto entgegenstünde) der Anschluss an den Affenbruder (unter dessen Bilde Vinjana sich symbolisirt findet) ein trefflichstes Argument abgäbe, für den „Self-made-Man", und die Cultur, die er selber sich geschaffen, — ehe dem Einzelnen gestattet sein kann, in der Beschaulichkeit Behagen sich abzuschliessen, in Petrucci's „intelletto denudato" („un nulla").

transcendentalen Idealismus (bis zur Ueberschreitung der ver-
botenen Grenze, in Transcendenz), und vor allem mit dem (betreffs
eigener Glaubensartikel freilich desto strenger gerügten) Skepti-
cismus, bis auf einzelstes Detail. An die sophistisch seelenlosen
Seelenlehren — in Protagoras' (von Diogenes Laërtius citirtem)
Satz: μηδὲν εἶναι ψυχὴν παρὰ τὰς αἰσθήσεις —, jene Psychologie
ohne Seele, die sich dem Materialismus in ihre psycho-physischen
Functionen aufgelöst hat, wird (am präcisesten) in Hume's Ausspruch erinnert, dass er vergebens das liebe Ich in sich selbst
gesucht, dass der Mensch nur »Bündel« (»bundles«) von Vorstellungen darstelle. Das ist genau der Wortlaut dessen, was
der Buddhismus von Alters her Khanda oder »Bündel« genannt
hat, worin sich alles denkbar Mögliche zusammengebündelt findet,
Alles und Jedes, was im Universum existenzfähig ist, im Mikrokosmos eingebündelt, aber nirgends eine Seele (nach Nagasena's
Gleichniss vom Wagen), weder Atta (das Ich) noch Attaniya (zum
Ich Gehöriges), oder Satta (Person). Wenn trotzdem gerade im
seelenlosen Buddhismus die Lehre von der Seelenwanderung in
umfassendster Form hervortritt, so täuscht hier die Uebersetzung
von Metempsychose statt Metasomatose (oder einer Palingenesis
mit Metamorphosen, wie moralischer Ausreife entsprechend, im
Vipaka).

An derartig scheinbaren Paradoxen fehlt es auch sonst
nicht, bei der proverbialen Beurtheilung des Buddhismus. Er
heisst atheistich, obwohl gerade er mehr Götter als irgend ein
anderes Religionssystem kennt, (weil eben mehr Himmel, die damit voll sind), und dann auch, nach Unterscheidung zwischen
»Divinitas« und »Deus« (bei Porretanus), einen correct formulirten Gottesbegriff in der Trinität von Buddha, Dhamma und
Sangha, was, wenn Dhamma an die Spitze gestellt wird, durch
Verknüpfung des physischen und moralischen Gesetzes auf eine
»moralische Weltordnung« hinausläuft, derentwegen Fichte des
Atheismus beschuldigt worden war.

Indess wird der Buddhismus auch von den orthodoxen
Systemen Indiens unter die »Nastika« oder Gottesleugner ver-
wiesen, und gesteht dies zu, sofern er in seiner Kosmologie auf
das Präludium einer Kosmogenie, — wie in Sankhya's Prakriti mit
einer Evolutionslehre, in der Vedauta mit der Schöpfungslehre
versucht —, von vornherein verzichtet, und so die Klippe der

Final-Ursachen, woran (vor der Ummauerung mit positivistischen Schranken) die Systeme stets zu scheitern pflegten, glücklich umschifft.

Um mit dem »Regressus ad infinitum« auf der einen, mit dem »zureichenden Grund der Gottheit« auf der anderen Seite aufzuräumen, hat unsere kritische Reform Klarheit geschafft, in Kant's kosmologischen Antinomien des im Jahre 1781 veröffentlichten Werkes, aber dem Buddhismus war derselbe bereits vor 2000 Jahren bekannt, und bei Buddha's Gesprächen (in der Samyuttaka Nikaya und sonst) in identische Wortstellungen (cf. Gogerley) gefasst, bei Abweisung der Fragestellungen darüber, ob die Welt ewig oder nicht, ob unendlich oder endlich u. s. w. (obwohl er selber es wissen muss, bei Beanspruchung einer Alldurchschau in Bodhi).

Gleich Socrates die kosmologische Naturphilosophie (die physikalische und astronomische ϑεωρία) abweisend, gleich ihm die Philosophie (nach Cicero's Ausdruck) aus dem Himmel auf die Erde herabbringend, (wo sie der ungefähr gleichaltrige Weise China's als zurechtgemäss hingehörig betrachtet), tritt Buddha mediam in rem, und wendet sich mit seiner ethischen Anthropologie direct an den Menschen selbst, an das Elend und Leid im flüchtig vergänglichen Leben, um solchen Schmerz durch sein Heilswort zu lindern, in Aufklärung nämlich des mit Avidya (der Unkenntniss) umnachtenden Dunkels, wie es Xenophon von seinem Lehrer aufbewahrt, dass er die Tugend auf Einsicht und Verständniss begründet habe, denn Niemand handelt aus Absicht schlecht, sondern nur wenn abgekehrt im Irrthum, aus Mangel an richtigem Einblick; weil er, wenn mit solchem begabt, das in naturgemässer Lebensweise der Stoiker vorgeschrieben Gesundheitliche erstreben würde, im Guten (ὁμολογουμένως τῇ φύσει ζῆν).

Auf diesem Heilsplan basirt das von Buddha verkündete Vierwort (der Ariya Sacchani), vom Schmerz (Dukha), der Ursache des Schmerzes, der Aufhebung des Schmerzes und dem Erlösungsweg (zur Friedensruhe des Nirvana).

Während Gotama aus der Vollschau der Verklärung redet, hatte der von dem Orakel als Weisester erklärte Hellene dessen im »Gnothi Seauton« auslaufenden Spruch mäeutisch zu klären, und wie der sinische Weise in altväterischen Vorschriften eine Stütze

findet, sucht sie der zarathustrische Prophet in der Autorität
dessen, der ihm seine Offenbarung verliehen, als einem »Rasul-
Allah« etwa (im Islam).

Eine bedingende Unterscheidung, die zu manch schwer heil-
barem Riss für Sraddha oder Bhakti geführt hat, fällt (buddhistisch) dahin, dass unter Entziehung aller Aussicht auf Gnaden-
geschenke, — wie sie durch Opfer oder Gebeteskraft (der Mantra)
längs des Karma-margga erlangbar sein möchten —, der Jünger
(und Nachfolger) vorangegangener Thatagata sich auf eigene That-
kraft (im Viraya) hingewiesen findet, um sein Karman möglichst
zu verbessern (oder doch nicht zu verschlechtern) für noch bevorstehende Palingenesien, ehe der Uebertritt in Nitya's dauernden
Schutz (aus Tugendverdienst) gesichert sein dürfte, vor fernerem
Absturz, auf dornig beschwerlichen Pfad der Magga zu ehrlich
verdienter Erlabung leitend, (in den Genüssen der »Phala«).

Und wenn an Förderung des eigenen Heils das im verehrten
Meister voranleuchtende Beispiel ermahnt, so wird zugleich, auf
dem, gemeinsamen Zielen zuführenden, Wege im Vorgang der
Tathagata, auf thätige Mithülfe hingewiesen, auf die Förderung
des Besten Aller eben, im weitest umfassenden Mitgefühl (bis
zur Ahinsa im Thierschutz, und jainistischen Thier-Hospitälern).

Die kosmologischen Antinomien vorausgesetzt, folgt von selbst
die Periodicität der Weltschöpfung, bei Ausdehnung des Umlaufs
von Entstehen und Vergehen auf Totalität des Makrokosmos in
seinem Causalzusammenhang (mit Erneuerungen und Zerstörungen), und da »ex nihilo nihil fit", muss in einer oder anderer
Weise (etwa in einer Hiranyagarbha) für Erhaltung der Elemente
vorgesorgt sein (wenn nicht in Elementarwandlungen ausströmend
aus Okasaloka, bei Anregung durch die moralischen Kräfte des
eingehenden Buddha), während die Ursächlichkeit ersten Anstosses
(und gestaltender Bewegung) im Adrishta (ἐξ' αἰδου) liegt, in dem
(bei partiellem) Untergange Uebriggebliebenen, aber Unsichtbaren
(auch für idealistische Sehweite) — in Regionen vielleicht, wo
schon im vollen Seeligkeitsgenuss des Sach-chid-ananda (Brahma's
Freudigkeit des in Unendlichkeit Seienden) gelebt wird, aber
immerhin ein letzter Rest des Karman verblieben sein muss,
(weil sonst, sodann, Nirvana eben erreicht wäre; beim Hinaustritt
in's Jenseits, einer Okasaloka).

Indem hier das bedingend knüpfende Band in Karman fällt,

in die Verantwortlichkeit einer moralischen Haftpflicht, centrirt das Schwergewicht (des Ganzen) im Mikrokosmos des Menschen, im gesellschaftlichen Kreis, unter den dort (mit der Autorität eines »kategorischen Imperativs«) gebietenden Pflichten (und der in eigene Hand gelegten Entscheidung über sein Wohl und Wehe).

Hiermit ist dem Zoon politikon (dem Menschen als Gesellschaftswesen) die Bestimmung gesteckt, zur Erfüllung seiner Aufgabe, innerhalb der Welträthsel (worin er sich gestellt findet). Die physischen Aenderungen folgen nach moralischen Bedingnissen, unter Unendlichkeiten von Zeiträumen, für welche die Bezeichnung der Ewigkeit nur deshalb vermieden wird, um mit den (in's·Ungeheuerliche auslaufenden) Zahlenangaben die Möglichkeit der Relationswerthe zu einander festhalten zu können.

Mit Tugendkraft des Gemeinwesens (besonders wenn die frommen Talapoine wohlgenährt und gepflegt werden) erblüht alles in sittlicher Welt (und auch in physikalischer, soweit den Zusammenfall verzögernd), unter Hinausschiebung der Götterdämmerung (am jüngsten und letzten Tage).

Und wenn nun solcher Wohlstand (oder Wohlklang) in des Einzelnen Selbst symphonisch wiederklingt, dann einigt sich das eigene Sein mit den das All durchwaltenden Gesetzen, so dass (beim Eingang in Nirvana) die bunte Vorstellungswelt zerstiebt, und unter Entschwinden der Maya (im Zusammengesetzten der Sankhara) ihr Gegensatz erfasst wird in eigentlicher Realität (durch Asangkhata-Ayatana).

In practischer Hinsicht haben sich die Moralvorschriften nützlich bewährt (in den Ländern des Kastengeistes). Socialistische Unzufriedenheit fällt aus, Jeder (an richtiger Stellung zunächst in moralischer Weltordnung eingefügt) hat es in seiner Hand, an Verbesserung zu arbeiten als des eigenen Glückes Schmied (faber suae fortunae unusquisque est ipsius). Wer, in Folge früherer Vergehen, niederen Ranges geboren ist, fügt sich darin (nach dem Richterspruch des Karman), Ehren zollend den solcher Würdigen, die aus Anhäufung von Tugendverdiensten in vorangegangenen Existenzen deren Früchte jetzt geniessen (in momentan höherer Stellung). Obwohl so den Reichen und Vornehmeren unterwürfig nahend, mag doch der Arme in seiner Lage sich um so zufriedener und glücklicher fühlen, weil sie ihm berechtigte Aussicht eröffnet, bei nächst künftigem Umschwung des Schicksals-

rades auf die Höhe gehoben zu sein, da der Bedürftige, den
weniger die Verlockungen abziehen können, zu desto ernstlicherer
Anstrengung geführt wird, an Besserung seines Looses zu arbeiten,
während der in Wohlbehaglichkeit Schwelgende (mit Gaben ge-
segnet aus Fortuna's Füllhorn), im Rausche derselben die ihm
günstigst gebotene Gelegenheit zur Mehrung des Tugendschatzes
leicht vergisst, und so mit folgender Wiedergeburt in die Tiefen
hinabgestürzt sein mag, auf untere Stufen der Gesellschaftsscala
(oder bis in Naraka möglicherweise). Beständig werden in den
Sutra die Ermahnungen wiederholt, die kurz nur, in kürzester
Lebensspanne irdischen Lebens, gebotene Gelegenheit zu benutzen,
da auf Djambudwipa allein (und zwar in Manusha-loka dort) das
Heilswort gehört und verwerthet werden kann, denn schwer in
unabsehbarer Reihe der Wiedergeburten ist die in Menschen-
existenz erlangt, selten nur ist ein Grosses Loos gezogen (unter
unzählbaren Nieten). Das wird in eindringlichen Beispielen (der
Jataka) gepredigt, in allen Tonarten, unter den Gleichnissen von
dem Fall mit der Spitze auf einander treffender Nadeln, der blind
umherschwimmenden Schildkröte und ihrem Halsjoch anderswo,
mit ähnlichen Bildern vielerlei. So, in Eulenspiegels Volksphilo-
sophie, hätte der gemächlich Absteigende zu weinen, und zu
lachen dagegen der zur Höhe Emporsteigende (in optimistisch
bester Welt soweit).

Obwohl geschlossen im Eisenring moralischer Haftpflicht, freut
sich das Product des Karman seiner Existenz, denn je elendiger
sie bedrückt, desto mehr wird dadurch frühere Schuld getilgt (im
Akusala) und die Zuversicht erhöht auf künftige Belohnungen;
und da im Ditthi-karma-wedeya der laufenden Existenz durch
die je frischer desto beeindrucksfähiger spriessende Tugend das
eng verbitterte Laster sich überwinden lässt, [und die Noth-
wendigkeitsfolgen des Vibak also mehrweniger nullificirt werden
mögen (im Abhawa-karma), durch ernstehrlichen Entschluss auf
das zur Reife Strebende verbessernd einzuwirken], so liegt hier
das Geschick in Jedes eigener Hand, um vielleicht alle weiteren
Reinigungen in Palingenesien zu ersparen und direct schon einzugehen in's Nirvana, eines Amata-Maha-Nibbanam, wenn noch
nach der Süsse des Amrita der Sinn steht, um in ausverfeinerter
Meditation (der Rupaloka) Befriedigung zu finden (bis zu Asangkhata-Ayatana).

Wunderwirkungen wären im Buddhismus nicht ausgeschlossen, da jedem der in höherer Welt Seeligen (für einen in Ewigkeit verlaufenden Potenzirungsprocess) verhältnissmässig höhere Kräfte (in Iddhi und Bala) naturgemäss zu Gebote stehen, obwohl er, wenn solches Vermögen im nutzlosen Gaukelspiel zerplatzend, sein nächstes Geschicksloos dadurch sich nicht günstiger gestalten könnte, während (im richtigen Fortgang) der Eintritt auf die Megga in der vierten Dhyana-Terrasse von selbst zu erfolgen hat, auf langem Umweg zwar, aber bequemer, als der directe Zugang von Erden, der erst nach schwerstem Kampf und Selbstbezwingung sich erlangen liesse (wenn ein Sieg gewährt sein sollte).

Im Uebrigen mag dem auf Tugendübungen ernstlich Bestrebten der Hinblick auf Seligkeitsfreuden genügen, die nicht mühelos nur, sondern freudvoll und herrlich sich durchwandeln lassen, in reichgeschmückten Vorkammern, zum Eintritt in Nirvana (ohne »Ubi«) für eigentliches Leben (des Denkens im eigenen Selbst).

Auch das, was im Erlösungszug vornehmlich angesehnt wird, die Wiedervereinigung mit den Lieben (jenseits des Grabes) findet sich im Buddhismus vorgesorgt, denn wie sich die Aehnlichkeit der Kinder zu ihren Eltern (ohne traducianistische Vererbung) aus dem wahlverwandtschaftlichen Zusammenführen des Gleichartigen erklärt, so hat es auch durch alle Reincarnationen hindurch (so lange die Leibesvereinigung währt) statt zu haben (wie in den Jataka gleichniss- und beispielsweis vielfachst dargelegt).

Inmitten des Daseienden stehend, findet sich der Denkgeist (mit Menschenform bekleidet, bei der Existenz in Manusha-loka) innerhalb der Verkettungen des (im gordischen Knoten verschlungenen) Welträthsels, mit dem Anhalt nur an sich selbst, da der Ausblick entschwindet auf ein Ende hin oder den Anfang. Alles vergeht und entsteht, im steten Kreislauf des Werdens, die Alten sterben, Kinder werden geboren, und so, wer zuschaut, trifft sich selbst als Folge früherer Ursächlichkeiten, die nur verständlich sind im eigenen Wollen, das sich (im Gesellschaftskreis gegenseitiger Verständlichkeit), als Gutes oder Böses schätzt, und hier sind also die Ursächlichkeiten dessen zu suchen, was sich verwirklicht hat in behaglicher oder unbehaglicher Existenz. Das dem Denken immanent Denkende führt zur Auffassung und Berührung, sie zur Empfindung, sie zum Streben, sie zur Vorstellung sie zum Denken wieder und diese auf's Neue zur Berührung, und so schliesst sich der Kreislauf (in der Paticchasamuppada-chakkam); und bei weiterer Meditation darüber wird dann zum directen Anfang ein Nichtwissen (als Avidya) gesetzt, mit den Zusammensetzungen der Vorstellungswelt (als Sankhara), unter dem Zutritt des Patisonthi-Chitr in Chuti-Chitr (aus früher her, einzureihen in die Nidana).

Wie wäre also die Erlösung (die Befreiung aus dem Eisen-ring des Karma) zu suchen? Am nächstliegenden schiene das Abschneiden von Tanha, um das Kleben an Upadana (im Hypo-keimenon eines »Nicht-Ich« da draussen) zu verhüten, obwohl damit die Vinyana selber noch nicht erledigt wäre, weil ein »Dhatu« an sich, wie die übrigen Elemente (wenn übrig bleibend atomistisch, bei Zerfall der Zusammensetzungen in ihre Com-ponenten).

Da nun die Existenz des Chitr (im Vinyan) bedingt ist durch den Gegenwurf, der ihn trifft (in Wechselbeziehung von Object und Subject der Identitätslehren), bleibt hier die Möglichkeit an-gezeigt, einen vollen Ausgleich zu gewinnen (und so zur Stetigkeit der Ruhe zu gelangen). In einfachsten (rohesten oder niedersten) Formen wirkt sinnlich das Aromana auf zugehörige Ayatana, aber unablässigen Wechseln unterworfen (flüchtig-hinfällig, wesenlos), und so können nicht die Indryas der Sinnesorgane genügen, son-dern erst die geläuterten (in Saddhindryam, Viriyindryam, Satin-driyam, Samadhindryam, Panjindriyam), um in wahrhaftigen, ernstlich strebsam gesinnten, auf andachtsvolle Betrachtungen hingerichteten Veranlagungen hinzuführen auf das Wesenhafte (in Anjattavindriyam) zum Genuss der Arhattaphala (der durch Heiligung gereiften Früchte oder Phala des Arhant).

Abzuschneiden (in Verneinung des Willens) ist die Tanha oder Trishna ($\epsilon\pi\iota\vartheta\nu\mu\iota\alpha$ der Stoa), als Kama-Tanha, auf grob-sinnliche Lüste hingerichtet (in der Welt des Eros oder eines Kama), wogegen die durch die (idealen) Gestaltungen (Rupa's) nach den Terrassen der Rupa-loka hingezogene Rupa-Tanha (unter Vorbehalt einer Arupa-Tanha) zulässig ist, und mit Nirodha-Tanha dann die volle Herrlichkeit dem Blicke aufbricht in voller Bejahung (mit Vibhavo: Glanz, im Nirvana).

Die Causalverkettung (der Nidana im Paticchasamuppada) bildet den Kernpunkt des Buddhismus, für diejenigen, die auf dem Buddhagama, dem Wege Buddha's, seiner Führung folgen: für den Menschen inmitten der Welträthsel, so oft es fragt in ihm, über das Woher? und das Wohin?

Wenn in der »Behaglichkeit dieser schönen Welt« (nach des Dichterfürsten Wort) behaglich dahinlebend, finden wir unser Vollgenüge im Genuss der Freuden: der Freude, die berauschend umrauscht; und obwohl das Leben ein Kampf, freut sich doch eines solchen gerade die in Lebenslust schwellende Jugendkraft, voll beansprucht durch die aufgedrängte Thätigkeit des Augenblicks, so dass kein müssiger bleibt, zum Fortgrübeln darüber hinaus.

. So verhielt es sich mit dem in goldener Wiege geborenen Königssohn Kapilavatthu's, auferzogen in üppigem Prunk und Pracht, geübt in ritterlichen Spielen und siegreich (bei dem Freien um Gopa, die vielumstrittene Fürstenbraut), gelassen dahinschwelgend im glücklichen Kreis der Familie, der Freunde und Verwandten, geniessend in vollen Zügen das Schöne, was die Erde beut. Da erscheinen ihm die drei Zeichen (für göttliche Berufung): die Anzeichen des Alters, der Krankheit, des Todes.

Aufgerüttelt schreckt er empor, der Gedanke entspringt an flüchtig Vergängliches, an unwesenhaft Nichtiges ringsum, und der Schmerz erfasst, um das Leid des Lebens (im Elend des Daseins). Damit ist alles Folgende àn sich bereits ausgesprochen; das Vierwort zunächst (in den Ariya-sacchani), das Heilswort zur Heilung des im Schmerze nagenden Uebels:

1) Der Schmerz (Dukkha) im Lebensleid, als thatsächlich vorhanden;
2) Woher solcher Schmerz?
3) Wie er aufzuheben, der Schmerz? und:
4) Einlenkung auf den Erlösungsweg (des achtgliedrigen Pfades).

Solche Befreiung zu erlangen, welches sind die Mittel? die arzneilichen Heilmittel für das Seelenleiden, dessen Gejammer allüberall durchklingt (im »Aechzen jeder Creatur«); und Alles (oder Alle) durchtränkt der Erlösungszug (wie »das Salz das Wasser des Weltmeeres«).

Die Erkenntniss erwacht in Durchschau der Verklärung, bei

meditirender Contemplation unter dem Bodhi-Baum; es enthüllt sich der Causalzusammenhang (der Nidana) in seinen Verkettungen, aus innerlichen Ursächlichkeiten (mit und durch einander), unter den Wechselbeziehungen des im Menschen selber geschlungenen Räthsels der Welt.

Die erste Frage ist nach der Ursache des Leidens, und die Antwort ist zwingend genug gegeben, mit dem Eintritt in dasselbe, in des Daseins Leid, mittelst der Geburt (Djati), »pues el delito mayor del hombre es haber nacido«; und so klagt es, (wie in Homer's), in Sophocles' und Euripides' Versen, so klagten die Trausier (cf. Herodot) um den Neugeborenen bei Eintritt in das Jammerthal des Lebens, und (cf. Sahagun) die Azteken gleichfalls (wie ethnische Collegen viel andere noch).

Der Verfolg der Ursächlichkeit (in den Nidana)*) führt dann von Glied zu Glied zurück auf letztes der Kette, auf Avidya (Unwissenheit), als den eigentlichen Uebelthäter alles Uebels, die Primär-Ursache somit.

Damit ist die Beantwortung der in dem Vierwort gestellten Fragen gegeben, das Vorhandensein des Schmerzes als thatsächlich gesetzt, um seine Entstehung aus aufsteigender Linie zu erklären, seine Vernichtigung aus absteigender, um dadurch die Betretung des zur Erlösung führenden Pfades zu gewinnen (in den Megga).

Die Ursache also fiele in Avidya, als den Anfang. Ein Anfang aber kennt sich nicht, bei Anerkennung der »Kosmologischen Antinomien«, — seit erkenntnisstheoretisch festgelegt mit der kritischen Reform unserer Philosophie, und von Gotama schon unter verschiedenen Versionen in den Predigten (der Sutra), wie vielfach citirt (von den Autoritäten der Pali-Gelehrsamkeit).

Soweit die Sehlinien reichen, sehen wir deutlich (im Bereich deutlicher Sehweite), dann verschwimmen sie am optischen Horizont, der telescopisch weiter hinausgeschoben werden mag, bei metaphysischer Fernschau kühner Beflügelung (mit einem »Dhamma-Chakku«, an Stelle der Höhlung, worin dem Auge sein Palast oder Prasada gebaut ist), aber immer umschliesst als Aeusserstes die optische Täuschung des Horizontes — sei es in nebular

---

*) Avidya, Sankhara, Vijnana, Nama-Rupa, Shadayatana, Phassa, Vedana, Tanha, Upadana, Bhava, Djati (Jaramarana, mit Soka-parideva u. s. w.).

nebligem Gewirbel oder sonstigen »tourbillons«, sei es in dunkler Blindheit mystischer Blendung (bei allzu mächtigem Glanz).

Der Buddhismus hält sich zunächst innerhalb der positivistisch gesteckten Schranken, womit unser »Kerker« ummauert ist (bei Schopenhauer), um keinen Schritt über thatsächlich gesicherten Fussauftritt hinauszugehen, bis etwa das Dunkel des Anfangs sich klären möchte, mit der in der Zielrichtung (nach dem τέλος hin) entzündeten Leuchte (des Wissens).

Gleich fern von Aussagen über das Sein (das »Es ist«) wie über ein Nichtsein (»Es ist nicht«) hält in der Mitte sich des Buddha Lehre: »Aus dem Nichtwissen entstehen die Gestaltungen« (der Sankhara).

Dunkel also deckt den Anfang (im Hetu), der Anfang ist (unerkennbar) dunkel, ein Nichtwissen oder: als Nichtwissen (Avidya).

Practisch genommen ist nichtwissend (oder unwissend) derjenige, der das nicht weiss, worum seine Lebensfrage sich dreht, die heilige Lehre (die erlösungskräftige).

Je nach der Fassung, ob in subjectiver oder objectiver, fällt das Nichtwissen (vom Anfang) mit dem (nichtgewussten) Anfang selbst zusammen (in makrokosmischer Hinsicht).

Immerhin ist dies Nichtwissen nur ein provisorisches, denn das Streben nach Aufhellung besteht (πάντες ἄνθρωποι τοῦ εἰδέναι ὀρέγονται). Der Anfang wird als »Hetu« bezeichnet, die Wurzel. Jede Wurzel indess setzt ihre Wurzel voraus, der Sankhya gemäss, die (in den Auseinanderfolgen aus Vorangegangenem) die Pradhana (πρόφασις als αἰτία) nur mit dem Machtspruch einer wurzellos supponirten Wurzel (in »Prakriti«) abschneidet, (um das Abgleiten in den »Regressus ad infinitum« zu vermeiden). Irgendwo muss, zum Ansatzpunkt des logischen Rechnens, eine Eins gesetzt sein, als Erstes (unter Absehen von »Erst-Erstem« und damit drohenden Gefahren des »Progressus« oder »Egressus«), ob nun (mit Plotin's »Hen«) im Höchst-Höchsten, ob in unergründlichen Tiefen eines Bythos (oder Kapila's Avyakta im Chaos Hesiod's).

Der Buddhismus nimmt als solch' Erstes die Avidya zur äussersten Wurzel, die jedoch nicht, wie auf Mangaia (cf. Gill) in eine Spitze (Te-aka-ia-Roë) ausläuft, auch nicht gleich Xenophanes' Erdwurzeln, oder den Gewebsfäden der Taotze, in's Unendliche hinausbaumelt (cf. »Ethnologisches Bilderbuch«, Taf. VII),

2*.

sondern durch ihre Ernährungsstoffe (Ahara) gespeisst wird, zunächst mit dem »Akusala« (des »Karman«), wenn sich im Rollen
der Welten die Zerstörungen und Erneuerungen als Resultat aus
»mérite« und »demérite« (cf. Pallegoix) ergeben, aus Verdienst und
Vergehen der »athmenden Wesen«, aus Tugend und Laster (in
»moralischer Weltordnung«). Gewonnen wäre damit deshalb noch
Nichts. Im Schlangensymbol der Ewigkeit bleibt das Rad des
Kreislaufs (ob in enger oder weiter Peripherie) eisern geschlossen
im τροχὸς γενέσεως (als κύκλος ἀναγκαῖος).

Um befreiende Erlösung zu erringen, gilt es ein Zerbrechen
der Fesseln, das Hinaustreten in ein Jenseitiges, wohin in ihren
Zielrichtungen des Buddha's Lebensbarke zu steuern sucht, um
eine Erklärung zu gewinnen für den Gesammtzusammenhang
(im »systema universalis substantiarum commercii«).

Das sind »pia desideria« vorderhand, eine Zukunftsmusik der
Hoffnungen, um ihren Rettungsanker auszuwerfen, »in spe«. Zunächst handelt es sich noch um die harte Nuss des Anfangs, um
die Arbeit des Knackens (wenn es geht); um das böse Nichtwissen
(Avidya).

So mag es zugegeben sein: der Anfang ist Nichtwissen; was
also weiter?

Die Thatsache der gegeben vorhandenen Welt jedenfalls!
denn sie ist *da*, ob nun in Berkeley's Schein oder in Parmenides'
Sein, *da* ist sie zweifellos, und wem es beliebt, sie zu läugnen,
würde sie mit solcher Liebhaberei nicht abschütteln, wenn sie
ihn zu quälen liebt. Also: die Dinge sind *da*, sie stehen vor
Augen, die Welt zusammengefügt in ihren Sankhara (den Zusammensetzungen aus den Elementen der »Dhatu«; in »multipeln
Proportionen«, je nach atomistischen Theorien).

Solche Sankhara ist zunächst die Vorstellungswelt, die Welt
der Vorstellungen, wie vom Auge getragen, die Welt, wie sie
sich denkt, je nach dem Weltsystem ethnischer Weltanschauungen,
anders im »Orbis terrarum« der Classicität, anders von Kaf zu
Kaf (des Islam), anders in ptolemäischer, anders in copernikani-
scher Ordnungsweise, anders anderswo mehr; im Buddhismus *so,*
wie auf beigegebener Tafel skizzirt. Derartig malt sie sich freilich nur in dem das All bereits durchschauenden Auge.

Die vulgäre Durchschnittsmasse ist bescheidener in ihren
Ansprüchen. Allzu bedrückt durch nächste Umgebung schon,

von Preta-loka her [worin die, hungrig auf Besitzergreifung be-
dachten, Spukgeister der abgeschiedenen Seelen schwärmen; wie
bei Wildstämmen überall], genügt es den Meisten gern, wenn sie
nur einen Ausblick erhaschen können auf die Vorhöhen des Meru,
wo Mahadeva seinen Hofstaat hält, in lustiger Possenreisserei (zu
momentanem Vergessen der Lebensqual), oder aufzuschauen vermögen bis zu Sakko's Götterstadt Vassokasara, wo (in Vejayanta)
Indra thront, wie Zeus auf dem Olymp (mit den θεοί in ihren
δώματα, als Vimana), oder gleich Odhin, der in Valhöll die muthig
im Kampf Gefallenen erwartet, wenn herbeigeführt durch Walkyren (oder Apsaras). Der friedlich den »Strohtod« Gestorbene
wird lieber Yama's Himmel der Friedensruhe ersehnen, der
fromme Psalmensänger den Tushita's, der epikuräisch Gestimmte
den nächsten, und den obersten in Kama-vachara [wo Mara für
die (in Dhana) gespendeten Almosen seinen Lohn empfing] der auf
dem Karman-marga Perfecte, wogegen der auf dem Ihana-marga
seine Geschmacksideosyncrasien Ergötzende durch die Brahmakayikas hindurch, bis zu den Suddhavasa sich erhöhen mag,
oder bis zu Arupa schliesslich, — wenn schwindelfrei auf jenen
steilsten Spitzen, von denen bis auf die Erde zu fallen, es
6 Jahre 4 Monate 15 Tage dauert für einen Stein, wogegen der
durch Metaphysik dahin Verrückte in einem Augenwinken nieder-
stürzt, bis in die Tiefste der unterweltlichen Höllen, (im selbigen
Moment, wo sein Karman sich demgemäss erfüllt hat).

Wie es sich indess nun auch mit dieser, als Kosmos (oder
Mundus) geschmückten, Welt (anbetreffs ihrer Ausstattung in
Einzelnheiten) verhalten mag: in einer oder anderer Form ist sie
zweifellos *da,* und erzwingt ihre Anerkennung, ob wir sie läugnen
wollen oder nicht. Daran kehrt sie sich leider nicht viel (und
um die »Verneinung des Willens« wohl ebensowenig).

Als zweites Glied in der Reihe der Nidana wäre demnach
Sankhara entgegenzunehmen, gut oder übelwillig, da hilft kein
Entkommen, denn wenn auch bis an die Enden von Erde und
Himmel (im Psalm), entflieht man nicht seinem Karma, oder den
Erinnyen, die auch die Sonne (Heraklit's) zu finden wissen würden,
wenn vom rechten Laufe abweichend (der δίκη entgegen).

Als drittes Glied erscheint Vinyan, das Denkende in den
Chitr, deren Gesammtheit sich in der Vinyana-Khanda zu-
sammenfasst.

Hier erklärt sich die Herkunft, aus dem Chuti-Chitr (als letztem
Chitr der Todesstunde), bei Zerfall einer früher (in Vergangenheit)
auseinandergefallenen Existenz, in den Patisonthi-Chitr (der Em-
pfängniss) gewandelt für die künftige, denn da Vinyan (das denkende
Princip) unter den Dhatu zählt (als sechstes Element), geht solch'
Geistiges bei den Zerstörungen (der Zusammensetzungen) nicht zu
Grunde, so wenig wie die (in eschatologischer Hiranyagarbha)
herübergeretteten Elemente altherkömmlicher Vierheit (oder fünf,
mit Zutritt von Akasa), je nach Stoicheia oder Rhizomata (in $\dot{\alpha}\varrho\chi\alpha\ell$).

Neben der (in »Sankhara« componirten) Welt bietet sich
(mit Vinyana) ein Denkendes also, das Denkende in der Welt,
wodurch dieselbe, als Vorstellungswelt, überhaupt erst gedacht
ist, obwohl solch' mikrokosmischem Reflex in makrokosmischer
Existenz vorangehend, im Scheine (der Maja) nur etwa erfasst, da
»die Dinge, die wir erschauen, nicht das an sich selbst sind, wo-
für wir sie erschauen« (in Vorstellungen einer »transscendentalen
Aesthetik«) oder (in buddhistischer Version): »Die Dinge existiren
nicht so, wie an denselben festhaftend, die gewöhnlichen un-
unwissenden Menschen meinen, die nicht unterwiesen sind« (cf.
Oldenberg), denn so wird Sariputra belehrt (in der Prajnapara-
mita): mit Aussicht also auf fernere Belehrung und Erklärung,
im Fortschritt der Erkenntniss, während Kant die »Dinge an sich«
als »unerkennbar« erklärt. »Was die Dinge an sich sind, braucht
man nicht zu wissen«, weil »man« (jedermann eben, oder aller-
mann) es nicht kann (möglicherweise), wogegen der Buddhismus,
mit solcher Tröstung nicht zufrieden, hinausstrebt in's Trans-
scendente (bis auf Asangkhata-Ayatana).

Doch das sind »curae posteriores« (bis sie kommen werden);
bleiben wir zunächst (weil soweit an der Vinyana angelangt) beim
Chitr, der (nach der Psychologie des Abhidharma) nur in Bezug
auf sein Arom existirt; in Identität des Subjects und Objects (bei
Schelling), des Denkens mit seinem »Gegenwurf« (s. J. Böhme),
und der also mit der Vorstellungswelt (als Sankhara) in gegen-
seitig ursächlich bedingter Wechselwirkung steht.

Das Vorfinden einer Welt wird gesetzt, das Erzeugen derselben, als nur von ihr gesetzt, und die Befreiung von ihr, sind
die drei Momente des den Schein als seine Schranken setzenden
Geistes (cf. Hegel).

Es bleibt zunächst dahingestellt, wie weit hier (wie in der

Nebeneinanderstellung von Avidya und Sankhara), das »Post hoc«
bereits die Bedeutung eines »Propter hoc« gewinnt, bei dem weiteren Verlauf der Paticcha-samuppada, weshalb (für Patichasa-
muppadadaso) das Paticchasamuppada-chakkam auch erst mit
Vinyana beginnt (Vijanapaccaya phasso u. s. w.), von Avidya und
Sankhara gänzlich absehend (vorderhand).

Hier constituirt sich die eigentlich individuelle Weltfassung,
die Vorstellungswelt des »Einzigen«, seine eigentlich eigene Welt,
die einzig-alleinig interessante (von Interesse) für ihn, und wie er
sich wahrscheinlich mehr um einen auf der Börse verlorenen Bank-
schein bekümmert, als um eine telephonisch vielleicht (aus der
Himmelsbank) zugehende Nachricht, dass soeben ein Fixstern-
system zertrümmert und verloren gegangen sei, so dürfte sein mit
den Controversen der Erlösungsfrage glücklich aus dem »Rollen der
Welten« in Sicherheit gebrachtes Selbst sich wenig mehr darum
kümmern und danach fragen, ob andere Mikro- oder Chiliokosmen
noch fortrollen wollen (und wie vielen davon es so beliebt).

Von solch' subjectivistischem Standpunkt unterschiedlich,
greift Sankhara unter den Beziehungen zu Avidya in makro-
kosmische Weltschöpfung über, worin ein Karta (»Macher«) an
die Spitze gestellt wird (als »deus ex machina«). Die demiurgi-
schen Weltbaumeister, welche gleich Visvacarman auch bei Grün-
dung irdischer Städte (Ayodhya's z. B.) mithelfen (wie hellenische
Götter beim Bau Troja's) stehen auf entsprechend tieferer Rang-
stellung, aber auch dem aus Brahm (eines Tad) personificirten
Brahma (oder Mahabrahma unter den Brahmakayikas) wird von
Buddha seine Stellung klar gemacht, dass er sich nämlich die
Weltschöpfung nur eingebildet habe (als seine Phantasieschöpfung),
weil der erste unter den Gefallenen (bei der Apokatastasis), und
von den hinterher Nach-Gefallenen in solcher Anciennität aner-
kannt, wie (bei den Hidatsa) der »Erste Mensch« (der auf dem
Todespfad, als »Erster«, vorangegangen) oder Unkulunkulu (der
Zulu).

Wenn nach vedantischer Schöpfungslehre der Schöpfergott
(für Inhandnahme des aus Bestimmungsbeschluss aufliegenden
Werkes) aus seinem Schlafe (täglichen oder jährlichen, je nach
dem Umschwung der Kalpas) erwacht, findet er sich, noch embryo-
nalisch (gleich gekrümmtem Kronos) gleichsam, geduckt (oder an
eigenen Zehen saugend, wie Narayana), in jene Contemplation

versenkt, aus welcher, [wenn durch Bussübungen (in Tapas) er-
hitzt, für (Heraklit's) $\pi\tilde{v}\varrho$ $\tau\varepsilon\chi\nu\iota\varkappa\acute{o}\nu$] in träumerischer Anamnesis,
eine Wiedererinnerung auftaucht an Das, was früher gewesen, die
Gedanken emporsteigen, noch ungesichtet trüb (chaotisch gleichsam), — in Avidya eben —, um Maya's irrthümliche Welt zu pro-
jiciren: die Welt der Irrthümer nämlich, in deren labyrinthischen
Irrgängen wandernd, der von Dunkelheit Umfangene die Erlösung
ersehnt (für Vollschau des Lichts).

Hier findet sich causale Verknüpfung zwischen Avidya und
Sankhara eingeleitet, während dabei zugleich jedoch die Fortleitung
der Nidana (in Vinyana und weiter) sich erledigt (bei Rückleitung
des Seelischen ohnedem, durch Jivatman auf Paramatman).

Im Buddhismus fällt umgekehrt der Schwerpunkt in Vinyana,
und wenn hier, am Anfang, mit der Seele das Selbst oder Atta
(Atma oder Atuma) ausfällt, wird um so ernster dahin gestrebt,
es wiederzugewinnen am Abschluss (des Endes).

Bis hierher stehen wir noch bei Vinyana, als erstes Glied in
der Reihe, oder (unter Zurechnung von Avidya und Sankhara)
als drittes; und als viertes kommt »Nama-Rupa« hinzu (in den
fünf Khandas).

Die ursächliche Verknüpfung liegt offen zu Tage. Die Palingenesie (oder Metamorphose), um welche es sich handelt, voll-
zieht sich hier in Manusha-loka, worin der Chuti-Chitr (Vinyana's)
eingezogen ist. In dieser Loka, (der Menschenwelt eben, oder
»Manaseth«) bedarf es, der Menschenwesenheit gemäss, der fünf
Khandha, aus welchen jeder Mensch zusammengebündelt ist, und
die fünf Khandha theilen sich in Rupa-Khandha und (viergetheilte)
Nama-Khandha (also Nama-Rupa).

Mit diesen (seelenlosen) Khandha oder (Hume's) »bundles«
(in deren Vorstellungscomplexen vergeblich dem Ich nachgespürt
wurde) soll einfachst nur ausgesagt sein, dass der Mensch (wie
augenfällig genug) aus Leiblichem und Geistigem bestehe, unter
jeglicher Urtheilsenthaltung darüber, ob letzteres von Aussen her
($\vartheta\acute{v}\varrho\alpha\vartheta\varepsilon\nu$) hinzu- oder aus jenem hervorgetreten sei (im »influxus
physicus«). Der Leib wird in der Rupa-Khandha angenommen,
mit den Dhatu seiner elementaren Unterlagen und all' den Functionen seiner Organe, worunter sich eine specifisch seelische nicht
findet (sofern nicht alle, allgesammt, als seelische gefasst werden),
und ebenso wenig trifft sich die Seele (eines körperlosen $\lambda\varepsilon\varkappa\tau\acute{o}\nu$)

in den Nama-Khandha, die im Grunde wieder eine Einheit bilden (obwohl vierfach getheilt).

Der centrale Kern des Geistigen liegt in Vinyana, als sechstes Element (der Fünfheit Rupa-Khandha's gegenüber), und in der Vinyana-Khandha sind die sämmtlichen Chitr begriffen, und Alles, was da denkt. Die Chetasika (der Sankhara-Khandha) bestehen nur in Bezug auf den Chitr, als die Bethätigungsweisen desselben, und da Vedana (der Vedana-Khandha) und Sanja (der Sanja-Khandha) ebenfalls zu den Chetasika gehören, unter den Chetasika der Sankhara-Khandha nochmals wiederholt — (der Tragweite ihrer Wichtigkeit wegen, für umständlichere Erklärung) —, so läuft im Grunde Alles auf Eins hinaus, auf Vinyana also, neben Rupa in Nama-Rupa, wie durch die Existenz-Erforderniss in Manussa-loka bedingt (für Vinyana).

Da nach den Lebensbedingungen des Leiblich-Geistigen, unter (menschlichen) Existenzverhältnissen in Nama-Rupa (der Manussa-loka), die Sinne ebenfalls involvirt liegen, und zwar sechsfach: indem der (in der Nyaya atomistische) Manas (der zusammenfassende Repräsentant Manu's, als Mensch κατ' ἐξοχήν) der Fünfheit hinzugefügt wird, bei den Shadayatana —, bedarf es sobezüglich keiner weiteren Bemerkung, für ihre Einreihung als nächstes Glied (im Anschluss an Nama-Rupa). Die Sinnesempfindungen (der Sankhya) verbildlichen (in der Maha-Bhuta) den mikrokosmischen Reflex aus dem Makrokosmos (bei Praecedenz der »Tan-Matra«), indem sie das Verständniss der Aussenwelt vermitteln, als die Eingangsthore (Dvara) dafür, auf den von den Gedanken hin und her beschrittenen Wegen (als Vithi-Chitr). Die körperlichen Organe der Sinne, in den (inneren) Ayatana, gehören, — gleich ihren Aromana (als äusserlich entsprechenden Ayatana), — zur Rupa-Khandha (mit palastartigen Baulichkeiten für Auge und Ohr etc.); das aus der Wahrnehmung (nach Empfindung in Vedana und differenzirender Unterscheidung in Sanja) entspringende Verständniss dagegen zur Vinyana-Khandha, und indem der jedesmalige Chitr überhaupt dann erst in Existenz tritt, wenn mit dem entsprechenden »Gegenwurf« zusammentreffend, liegt dahinstrebende Tendenz an sich präformirt, zur Bethätigung drängend (aus wahlverwandtschaftlichen Affinitäten).

Die Shadayatana also (die in der Menschen-Constitution eingebetteten Sinnesbestrebungen nämlich) werden ihre Fühlfäden

gleichsam hervorstrecken, um in der (von Avidya her) noch um-
schleiernden Dunkelheit umherzutasten, und so zur Berührung
gelangen, in »Sparsa«, als nächstes Glied (der Nidana).

Indem kein Sinn (soweit unverdeckt) sich dem Eindruck
seines specifischen Reizes, wo derselbe auftrifft, entziehen kann,
so soll in der (bei den Nidana) dargelegten Ausführung gesagt
sein, dass die aus den Anticipationen einer prästabilirten Harmonie in ihrem Verlangen angeregten Sinnesfunctionen im tastenden'
Umhersuchen irgendwo aufstossen, und so Berührung verspüren,
welche Berührung sich dann in »Vedana« (dem nächstfolgenden
Gliede in der Verkettungsreihe), merkbar macht, in Empfindung
nämlich, die angenehme oder unangenehme, oder auch gleich-
gültige, sein kann, meistens aber ein Weh, im Wehethun, (beim
Leideszustand des Lebens), da »Alles brennt« (vor des Skoteinos'
$\varphi \acute{a}o\varsigma$).

Trotz solcher Schmerzlichkeit treibt indess der neugierige
Wissensdrang (oder -Durst), zu neuen Versuchen im Erproben
dessen, was gefühlt worden ist, und auf solches als »Tanha« (Durst)
bezeichnete Glied in der Kette (der Nidana) folgt dann das nächste
mit Upadana (das Kleben): indem die (im leichtsinnigen Gespiel
mit Feuer) neugierig umhertastenden Sinnesfäden plötzlich an-
geklebt feststecken, — und nun ist das Unglück geschehen durch
das Haftenbleiben; und zwar ein desto schmerzhafteres, weil es an
einem Brennstoff (in Upadana's »Hyle«) anklebt, durchglüht von der
in allen Dingen erhitzenden Schöpferkraft (der Wärme), als deren
Emblem der aus (plutonischem) Erdinnern aufgetriebene Lingam
gefasst wird, für dessen Kühlung die Besucher siwaitischer Tempel-
capellen poröse Wassergefässe aufhängen (zum Abtröpfeln). »Alles
brennt«, predigte Buddha in seiner »Feuerpredigt« (auf dem Berge
Brahma-Yoni), Alles steht in Flammen! und so ergeht der Rettungs-
ruf (an die Ohren, die hören wollen), um sich zu retten aus der
in nichtiger Vergänglichkeit niederbrennenden Welt, (wo Alles
Aneiza, Dukha, Anatta), um sich zu retten in der Ewigkeit Realität, wo das Nirwana seine Kühlung spendet: dem, der Kotara-
phuxavana gewonnen hat (zum harmonischen Abgleich).

Für den Rest der Nidana bedarf es keiner weiteren Aus-
einandersetzungen, da ihre Vergliederungen an sich gegeben vor-
liegen.

Mit dem Ankleben oder Upadana (wie gesagt) ist der kritisch

fatale Schritt geschehen, die subjectivistischen Sinne stecken fest
mit ihrem Ankleben an einem unbekannten Etwas dadraussen
(ihrem »Nicht-Ich«, insoweit), und werden dadurch in actuelle
Existenz gezwungen oder gezogen (mit »Bhava«). Für Verwirk-
lichung derselben in der Menschenwelt, bedarf es einer uterinen
Geburt (wogegen sie im Brahma-loka auch opapatika erfolgt, aus
generatio spontanea mehrweniger), und mit einer aus geschlecht-
licher Zeugung, (gleichzeitig etwa), bevorstehenden Geburt, (welche
die zur Unterlage erforderliche Rupa-Khandha liefert), verbindet
sich dann die Vinyana (aus früherem Chuti-Chitr, zu dessen
Wiedergeburt).

Wie überall unter den, dhammata (ordnungsgemäss), durchwaltenden Gesetzlichkeiten (bei Einheit der physischen und moralischen), entscheidet es sich auch hier (bei Einsicht einer Pronoia
in Heimarmene, der Moira) nach wahlverwandtschaftlichen Affinitäten, und die mehrweniger ähnlich entsprechenden Producte
gleiches Karman*) finden sich deshalb zusammen, in den Verhält-
nissen zwischen Eltern und Kindern, oftmals viele Generationen
hindurch, (wie durch die Beispiele der Jataka genugsam illustrirt).

Mit Djati (Geburt), woraus Alter und Tod (Djaramarana)
u. s. w. fliessen, ist der Kreislauf der Nidana abgeschlossen, um
nun wieder seinen Ausgangspunkt zu bieten, für rückläufige Lösung
(und Erlösung).

Die ganze Gliederkette ist vernietet an der Fuge zwischen
Tanha und Upadana (dem Hinstrebungsdrang und seinem Fest-
haften), so dass hier also auch die Lockerung versucht werden
muss, um in's Freie zu gelangen, — denjenigen Glanz zu erschauen,
wie er das Rebellenkind traf, als aus der Achselhöhle seiner Mutter
durchschauend; bei Papa's Umarmung mit Rangi (in Kosmogonie
der Maori).

Es würde zunächst sich fragen, wie (oder was) dasjenige sei,

---

*) Une sorte de nécessité enchaine l'homme à ses oeuvres (s. Esquiros).
L'apposition de l'homme sur la terre n'est qu'une phase de son existence,
le rest nous est caché (s. Ballanche). Le travail de l'homme sera donc
une continuation de son travail passé (s. Constant Savy). Leiden gelten
als Strafen für Sünden früherer Existenzen (b. Jamblichos); ce legs perpetuel
du passé au présent et du présent au passé est le secret des génies hu-
mains (s. Balzac), in organisch einheitlicher Durchdringung der Menschheitsgeschichte (durch Raum und Zeit).

was die Sinne (der Shadayatana) mit Sparsa berühren, und woran sie durch Upadana haften bleiben? Es handelt sich hier um ein Etwas da draussen, im Gegensatz zum innerlich Gefühlten, um ein unbekannt Entgegenstehendes, eine ἄποιος ὕλη vielleicht, jedenfalls ein Hypokeimenon (gleich Upadana), als Unterliegendes in »Substanz« (einer oder anderer Art).

Wissen oder erkennen lässt sich davon Nichts, bei empirisch rohem Umhertasten, in dem durch Avidya umfangenden Dunkel. Nur Eins ist verständlich: dass nämlich dem in Vinyana-Khandha aufspringenden Chitr die anregenden Reize mehrweniger adäquat sich erweisen, und um so genussreich voller assimilirt sein werden, je mehr conform homolog mit einander erwiesen. Bei den Panch-Bhuta-Rup sind die sinnlichen Qualitäten specifisch von einander geschieden, wogegen bei den geistig höheren Thätigkeiten (sinnlicher oder übersinnlicher Art) die Grenzen zwischen Empfinden, Wahrnehmen, Wollen u. s. w. bei Ineinanderüberlaufen der geistigen Operationen schwierig zu ziehen sind, und oft ebenso unmöglich, wie wenn in dem aus dem Meere aufgeschöpften Wasser die Tropfen unterschieden werden sollten, welche dem Ganges, dem Indus, dem Mahi u. u. w. angehören möchten (nach Nagasena's Gleichniss).*)

Jedenfalls ist immerhin soviel deutlich, dass so oft die inneren Ayatana mit den äusseren sich conform zusammengefunden haben, die schmerzliche Reizwirkung sich mindert und bei völliger Identität in Wohlbehagen sich ausgleicht. Die Aufgabe liegt also darin, solch' harmonisch einigenden Abgleich überall herzustellen (unter den, durch die — im Gesellschaftskreis aufliegenden — Pflichten angeregten, Denkregungen und Denkrichtungen vornehmlich), alles Disharmonische dagegen (Naturwidrige, Unrichtige und Unrechte), abzustreifen und wenn unter solch' fortgehenden Reinigungen und Läuterungen schliesslich der friedliche Abgleich im Innern erlangt ist, wenn sodann mit Asangkhata-Ayatana, das, im Gegensatz zur nichtig vergänglichen Welt, ein Verständniss

---

*) Non modo intelligere, velle, imaginari, sed etiam sentire idem est hic, quod cogitare (s. Descartes) omnia, quae nobis consciis in nobis fiunt (conscientia), aber dazu kommt: „Ego, hoc est meus" (in Milinda's „Vedagu", den Nagasena bestreitet), obwohl es sich (beim „Mens") nur um „ideae" handelt (nobis non nisi una inest anima). Des Manas' Arom ist Dharma, als Gesetz (zur „vera causa").

der ewig realen eröffnende, Arom seine naturgemässe Stütze (in den Ayatana) erlangt hat, dann klingt es ein in des Dharma's gesetzliches Walten (bei der Einheit physischen und moralischen Gesetzes).

Wer „auf reine und heilige Weise der Mystik lebt" (erkennend, dass in seinem eigenen Herzen der lauterste Lebensborn Gottes quillt) wandelt „durch die dem Beschränkten und Endlichen zugekehrte Welt, das Auge in das Centrum seiner Seele richtend, auf den geheimnissvollen Abgrund, wo die Unendlichkeit in die Endlichkeit einströmt" (s. Tholuck), und so ist die Mystik zu allen Zeiten „die rettende Heilkraft gewesen, durch welche der lebendige Pulsschlag der Religion wiederkehrte" (s. Noack), in Reformen (auch der „Reformation"). Vom dämonisch Unbekannten, mit seinen „Verbietern" ringsum (als Innuä oder Haltia) wird der Wildmensch in religiös deisidaimonische Fesseln geschlagen, bis ihr Schrecken (de natura rerum, im „timor") sich klärt zum $\varphi \acute{o} \beta o \varsigma \ \vartheta \varepsilon o \tilde{v}$ (in Gottesfurcht), wenn das $\mathring{\alpha} \pi \acute{o} \sigma \pi \alpha \sigma \mu \alpha \ \tau o \tilde{v} \ \vartheta \varepsilon o \tilde{v}$ (im seelischen Götterfunken) sich entzündet, um das umgebende Dunkel zu erhellen, mit des Wissens Schein, einem Widerschein jenes Seins, dem die Zielrichtung entgegenstrebt, zum gesetzlichen Abgleich (in kosmischen Harmonien).

Der dem Menschen, als Vorbedingniss seiner Existenz aus eigener Lebensquelle, mit ihm verwachsene Elementargedanke hat im Buddhismus seine ungestört weiteste Entfaltung erhalten, weil dort eben ungestört über weiteste Flächenverbreitung dahingetragen, auf träg fliessendem Zeitstrom (für bequemliche Beschaulichkeit).

Wer freilich dann, selbstgenügsam entsagend, auf quietistischem Ruhekissen niederzulegen sich sehnt, der wird gar bald als Spielball wiederum umhergeworfen sein, bei jenem Mummenschanz, der im tantristischen oder spiritistischen Dusel seine Possen ärger und schlimmer treibt, am hellen Mittage der Civilisation, als je in der Kinderstube (einer „parvulorum diaeta") wilder Naturkinder (in Gotteskindschaft behütet).

In humanistischer Bestimmung, wie in jeder anderen, ist die Aufgabe gestellt, innewohnende Anlagen zur Ausentwickelung zu zeitigen, rüstig zu schaffen (für wohlverdienten Genuss) auf den Arbeitsfeldern der Forschung, die im Fortschritt der Naturwissenschaften auch die Psychologie (des Zoon politikon) in inductive Behandlung zu übernehmen berufen ist, — mit der Aufgabe zunächst, ihre Völkergedanken über den Globus hin, wie in der Menschheitsgeschichte waltend (durch Raum und Zeit) übersichtlich zu verzeichnen (in einer „Gedankenstatistik").

Anhang.

Der Buddhismus (im Buddhagama) begründet sich auf die im Wildpark Isipatanam gepredigte Lehre (des Dhammachakra pavattana suttam) von der Vierwahrheit (oder dem Heilswort der Aryani-satyani): vom Schmerz (Dukkha), seiner Entstehung, seiner Aufhebung, und dem zur Erlösung führenden Weg, als achtgliedrigem Pfad (in den Megga), sowie auf die, in Reliquienbehältern gefundene, Formel von den Ursächlichkeiten (Ye Dhamme, hetubhava etc.).

Dann auf die (5, 8 oder 10) Sila*) oder Verbote — (im Anschluss an die sog. »noachischen« Gebote, wie mehrweniger gleichlautend überall dem religiösen Canon im Orient unterliegend, weil aus socialen Elementarzügen gegeben), — auf den Causalzusammenhang des Gesammtganzen (in den Verkettungen der Nidana) vornehmlich, und daneben zugleich auf die Tugendlehren, längs der sieben (oder acht) Wege zum Nirvana, wie (unter Beihülfen der Dhyana, für den, dem es beliebt) durch den (mit den fünf Khandha verknüpften) Entwickelungsgang der Psychologie angezeigt, der Wesens-Constitution der Menschenwelt (einer Manussaloka Manu's im Manas) gemäss (wie in Bodhi durchschaut), nach ursächlichen Thaten des Karman ($\pi\varrho\tilde{\alpha}\gamma\mu\alpha$ statt $\chi\varrho\tilde{\eta}\mu\alpha$).

Die Bahn zu zeigen, (als Wegweiser) für die verheissenen Zeichen auf den Wegen der Betrachtung (Makkha-Yahn), leitet der Khotaraphuxavana (Nibhan zu schauen), im Abhidhammatthasangata (des Abhidharma).**)

Der methodisch-systematischen Darlegung im Abhidharma

---

*) Nicht zu tödten, nicht zu stehlen, nicht zu huren, nicht zu lügen, nicht zu saufen (als Panch-Sila).

**) Cf. „Der Buddhismus in seiner Psychologie" (S. 348).

(des Tripitaka) schliessen sich die populär gefassten Gleichnisse (über die Schicksale in Himmeln und Höllen, sowie auf anderen Bezirken der Seelenwanderungen) in den Sutra an, während die Vinaya die Vorschriften auseinandersetzt, die sich der Sangha (als drittes Glied der Trinität) anschliessen sollen, in der Gemeinde (von ihrem Hagion Pneuma durchdrungen).

Zum Ziel (durch Uebung der Paramita anzustreben) ist Nibbhanam (in Awasaloka) gesteckt, als Asankharadhatu*) im Lokuttara-Dhamma (des Jenseitigen).

Aus Kama-vachara, unter den Fesseln Kama's (oder des Eros) ist der Vacha oder Wille (im Sein) von grobsinnlichen Genüssen (elementarischer Triebe in Rupa-Khandha) auf idealistische Verfeinerungen (Nama's) im »Appetitus intellectivus« hinzurichten, um, — nachdem der Arhat Zorn, Hass und Thorheit (Raja, Dosa, Moha) durch Kusala (Kusa's) abgeschnitten**) (die Leidenschaften des Schlechten durch Güte des Guten beruhigt) hat —, in Rupa-wachara, (der Welt der Gestaltungen), im Schönen (Kalon, als Honestum) zu weilen, bis in Awasa (der Awasa-loka) es sich erhellt, mit dem Licht des Wahren, auf den Megga (die zum Endziel leiten), und auf solchem Arya-ashtangika-margga handelt es sich um Samyak (offene Ehrlichkeit, in einheitlicher Klarheit des Ganzen), um Richtigkeit (oder Rechtlichkeit) im Meinen, Denken, Sprechen, Handeln, Streben, Wollen, Urtheilen und andachtsvoller Sammlung schliesslich (in »Samadhi«).

Ob die Seele individuell (als einfach-reales Wesen), ob in ihre Functionen aufgelöst wird, hängt von der jedesmaligen psychologischen Theorie ab, in Wirklichkeit bleibt für das Individuum selbst Alles dasselbe (in dem einen Fall, wie im andern). Der Buddhismus, der die Seele verneint, kann nicht wohl ihre Vernichtung predigen, deren Wortfassung vielmehr, am Ende der Zielrichtung, diejenige Realität bezeugt, die am Anfang vermisst war, — der damals (durch Avidya) umschleierten Er-

---

*) Cf. „Religionsphilosophische Probleme" (S. 122).

**) Sattva (in Wahrheit des Seienden), unter (brahmanischen) Guna miteingeschlossen liegend (neben Rajas und Tamas), für die Entfaltungen Prakriti's (nach der Sankhya), fällt in's Jenseits hinaus (bis Asangkhata-Ayatana).

kenntniss wegen, welcher die Entfaltung zum Wissen als Aufgabe
gestellt ist (in der Bestimmung des Menschen). Da dem Chuti-
Chitr aus den früheren Existenzen, welchen er in organischer Ver-
wachsung angehörig gewesen, alle Beziehungen derselben irgend-
wie anzukleben haben, führt er sie sämmtlich auch in die neue
hinüber (als Patisonthi-Chitr).

Der Kern der Lehre — unter anschliessend folgenden Geboten
(das Böse zu meiden, das Gute zu üben) — fällt in die Selbstbeherrschung (festen Willensentschlusses in Viraya), um unter Ab-
wendung vom Nichtig-Vergänglichem (körperlicher Gelüste und
müssig schweifender Gedanken) in offen klar ehrlichem Zusammenhange (eines »Samyak« auf achtgliedrigem Pfad) die Betrachtung
andachtsvoll (in Samadhi) zusammenzufassen, für das, was im
Verständniss dann, mit dem Erkennen selbst identificirt bleibt,
weil organisch wurzelnd jetzt in des Daseins Gesetzen (und deren
Harmonien).

In Sinnesauffassung folgen nach einander Ayatana, Arom
Vinyana, Phassa, Vedana, Sanja, Chetana, Tanha, Witeka, Witchara, Dat, d. h. das Subject fasst sein Object zur »Wahrnehmung« in »Berührung«, als »Empfindung« für »Unterscheidung«
im »Denken«, dessen »Streben« zur »Aufmerksamkeit« und »Betrachtung« führt, das Unterliegende zu erfassen, und wenn nun
(durch Erprobung an Aneitza, Dukkha Anatta) in Sankhara (des
Sansara) stets nur Vergänglichkeit, Leiden, Wesenlosigkeit sich ergiebt, wenn Alles sich nichtig*) erweist (im Nama-Dhamma des

---

*) Einem Schüler der Weisheit ist genug, dass er von der Welt wisse,
dass Alles in ihr nur Fleisches- und Augenlust sei (s. Poiret). Vor jeder
Anstrengung des Denkvermögens warnt (im Quietismus) der Bischof von
Sales, „arbeiten Sie mit den Affecten" (s. Heppe). Den (schädlichen) Affecten
($\pi\acute{a}\vartheta\eta$) entgegen, als $\varkappa\varrho\acute{\iota}\sigma\varepsilon\iota\varsigma$ (b. Kleanth.), ist die Apatheia anzustreben (in
der Stoa) mit der Tugend (des „Sophos"). „Armuth ist eine Gleichheit Gottes,
ein abgeschieden Wesen von allen Creaturen; Armuth haftet an Nichts,
und Nichts an ihr; ein armer Mensch haftet an Nichts, was unter ihm ist,
denn allein an dem, was über alle Dinge erhaben ist" (s. Tauler), in Ab-
schneidung der Upadana (für Kama-Tanha). Was — im vernünftigen „Wo"
(namenloser Nichtigkeit) — den Geist (im Icht, geschaffen aus Nicht, das
ewiglich bleibt) enthält (s. Suso), ist eigentlicher Icht denn Nicht; „dem
Geiste ist es wohl Nicht, weil er keine Weise findet, was es sei", im Neibban
(als Bejahung).

Mano), dann ist der Gegensatz (als das dauernd-leidensfrei Wesenhafte) erreicht, im eigentlich Realen des Nirvana, ob als Nirvana-puri
(in reich geschmückter Seligkeitsstadt) geschildert, ob verstanden
als Asangkhata-Ayatana, wenn der subjectiven Ayatana ihre ob-
jective, im Gedanken eines Jenseitigen (oder Unweltlichen), zu natur-
gemässem »Gegenwurf« geworden (zu anderer Natur, in Identifici-
rung). In der metaphysischen Substitution des Mahajana mag sich
das Nirvana in Sunya verflüchtigen (in leeres Nichts), wogegen es
sich (nach dem logischen Entwickelungsfaden der im Abhidharma
ausverfolgten Theorie) als Aufhebung (Vernichtung oder Erfüllung)
der Unwissenheit (Avidya) ergiebt, durch ihren Gegensatz (im Ausreifen) bei richtiger Erkenntniss (Panja's oder »Sophia's«), und indem nun bei Zerfall der Khandha (in irdischer Existenz) der Chuti-
Chitr, in letzter Zusammenfassung der Ergebnisse aus der abge-
laufenen Existenz, den künftigen bedingt, geht er zur Vollendung ein,
wenn (in Asangkhata's Gegensatz zu Sankhara) von Nitya's Akasa bereits durchweht (unter dem Walten harmonischer Gesetzlichkeiten).

Der ebenmässig richtige Mittelweg, — die Sinnenlust (Kama)
ebensowohl wie Abtödtung (Attikilamattha) in ascetischer Seelen-
flucht (oder metaphysischer Ueberverfeinerung) vermeidend —,
zweigt deshalb von der höchsten der Gestaltungswelten (in Akanishta) auf den Heilsweg der Megga ab, vor Abirrung zur Gestalt-
losigkeit (in Arupa). Was mit dem Wissen, zur Klärung der Unwissenheit (Moha oder thörichten Dummheit) erreicht werden soll,
ist ethisch gültige Werthschätzung, die vernunftgemässe Erkenntniss, dass hier das Gute ein Bestes (für Jeden, der das eigene Beste
zu verstehen gelernt hat), und so bedingt sich das Schicksal eines
Jeglichen nach seinem Karma (oder Handeln); und wem es gelingt,
die Wurzeln des Bösen (Akusala) abzuschneiden, der ist befreit von
nichtig-vergänglich schmerzlicher Welt, um sich des Seligkeits-
genusses (einer Mokscha), im immerdauernd*) Gefestigten (Nitya's),
zu freuen, harmonisch einklingend in die das All durchwaltenden
Gesetze (wenn Mano sein Dhamma als Arom voll und ganz um-
fasst hat, in Asangkhata-Ayatana des Nirvana).

---

*) Si l'immatérialisme individualiste de Berkeley, adopté par M. Penjon,
est la vérité, l'univers serait à la lettre, créé et anéanti à chaque éclosion
d'une conscience nouvelle (cf. Espinas). Au point de vue spéculatif nous
ne savons pas, s'il existe des consciences humaines, comme les nôtres, mais
au point de vue moral, nous sommes obligés d'y croire, ainsi qu'à l'existence

»A Buddhist, who has passed through misfortune or suffering looks upon it as so much gain, as he has thus worked out so much of the evil Karma accumulated in his formcs existences« (cf. Childers), und wäre dies (zum Trost in Leid, das, weil aufgezwungen, nicht weggewünscht werden kann) eher vielleicht zu verknausern, als die logisch immerhin harte Nuss, wenn der Leiden Schmerzen durch liebgütigen Gottvater geschickt sind (durch Strafen zu belohnen). Himmel und Hölle erlebt sich schon auf Erden, die Erlösung aber verbleibt ihrem Jenseits, in Nirvana, wenn als Asangkhata-Ayatana erkannt, (in des Gewissens Abgleich mit sich selbst, für eigene Sicher- und Gewissheit).

In der Massenhaftigkeit seiner unzählbaren Zahlenanhäufungen, um die Unmöglichkeit einer Auszählung der Ewigkeit, (selbst in Annäherungen nicht), vor Augen zu führen, ist die Verdeutlichung der Differenzwerthe beabsichtigt, für die Verhältnisse unter und gegen einander. Der lange Schwanz nichtiger Nullen, die leichter noch als geschrieben wieder gestrichen werden mögen, hat insofern nur eine relative Bedeutung, und nachdem der Buddhismus mit seinen Chiliokosmen in Potenzirungen von Kalpen bis auf Centillionen und darüber gelangt ist, fällt er »sans gêne« im Federstrich auf das Einmaleins zurück, und rechnet Alles in der ersten Decade, oder selbst in kleineren Bruchtheilchen derselben, wenn es, des vorliegenden Zweckes wegen, minutiös zu unterscheiden gilt.

Statt solcher Zahlen, für deren Aufschreibung in Nullen ein um den Erdball geschlungener Papierstreif vielleicht nicht genügen würde, treten Gleichnisse ein, wie das vom hundertmeiligen Demantfels, der alle hunderttausend Jahre von der äussersten Spitze eines leicht vorüberschwebenden Schmetterlings momentan gestreift wird. Erst wenn in Folge solch' leiser Berührung Alles bis auf derartig feinsten Grus reducirt ist, dass auch das empfind-

---

de dieu (im egoistischen „Monisme"), für den Menschen, als Zoon politikon (innerhalb des Gesellschaftskreises). Je nach Ideen aufnehmend oder hervorbringend, erscheint der Geist (b. Berkeley) als Verstand oder Wille (s. Wolff), wozu (b. Tetens) das Gefühl tritt, und Gefühlsschwärmerei genug (bis naturalisirt im Realismus einer naturwissenschaftlichen Psychologie).

lichste Tastgefühl nichts Eckiges mehr, an keiner einzigsten Stelle
des hundertmeiligen Haufens (trotz aller Bemühungen) herauszu-
fühlen im Stande sein sollte, wäre sodann die erste Stunde von
einer der beiläufig zwischengeschobenen Weltperioden verlaufen,
und nachdem diese in ihrer Dauer Billionen und Trillionen von
Jahren zählende Periode zu Ende gegangen sein würde, dann
wäre vielleicht von derjenigen wieder, die sie einschliesst, eine
Secunde etwa (oder dergleichen) in erster Stunde vorüber; oder
nachdem es so in handlichster Weise mit geometrischen Steige-
rungen weitergegangen, fasst sich das Ganze im Gesammtresultat,
als einfache Eins, um damit unbehindert (und ungenirt) frisch
wieder die Berechnung fröhlichst zu beginnen (oder, seufzend,
fortzusetzen).

Eine im Weltsystem, nach den Regeln der Zusammensetzung,
genau in Chiliokosmen umschriebene Menge, die (in jedesmaliger
Tausendwelt) für ihre Andeutung, in Punkten nur vielleicht, mehr
Papier erfordern würde, als jemals fabricirt ist, wird, nachdem
fertiggestellt, als einer der Samenkerne in einer (mit solchen ange-
füllten) Lotus figurirt und davor sitzt dann vielleicht ein kahl-
köpfig dickbäuchiger, weil leiblich wohlgepflegter, Mönch (oder
Talapoin), der in abstracter Gedankenlosigkeit seiner Meditation
einen solchen Kern aus Versehen hinabschluckt, damit es ihm
wohl bekomme (für den Genuss seines Nirvana, wo sich ohnedem
Alles an sich schon negirt, ob gross oder klein). Wenn Billionen,
Quadrillionen, Quintillionen und ihre Nachfolger nacheinander auf-
gethürmt werden, soll dadurch ausgedrückt sein, dass sie im
Aeussersten (der Exhaustion) längst noch keine Ewigkeit seien,
um deren ›abstumpfenden Begriff‹ (cf. A. Lange)*) zu umgehen:
für eindringliche Ermahnungen, betreffs der (nach Tag und Stunde
berechenbaren) Existenzendauer in Himmel und Höllen, oder auch
anderen Wanderungen; während deren unabsehbarer Reihe, wie
Buddha seine Jünger belehrt, sie mehr der Thränen vergossen,

---

*) Der naturwissenschaftliche Einwurf gegen grosse Zahlen bleibt
jedoch insofern bestehen, als diese (soweit die gegenseitigen Relationen
sich einigermassen beweisen lassen) metaphysisch etwa zulässig, leicht doch
störend nachwirken, wenn es auf Decimalstellen ankommt (im minutieusen
Detail jedesmaligen Falles). Quasi numerare vellent, antequam numeralium
numerum valorem intelligerent (s. Hobbes), die Weltweisler (wenn der Elementargedanken noch entbehrend, im logischen Rechnen).

als Tropfen die vier Weltmeere des Oceans füllen, und ferner vergiessen werden (so lange Nirvana nicht erreicht ist).

Innerhalb eines monistisch umfassten Weltganzen lässt sich nach den Relationen des Denkens (unter gleichwerthigen Differenzirungen) Alles erklärend auseinanderlegen, in Variationen umlaufender Sansara ($\pi\acute{\alpha}\nu\tau\alpha$ $\acute{\varrho}\epsilon\tilde{\iota}$), obwohl an den kritischen Entwickelungsknoten Anhaltspunkte zu bewahren sind (für vernunftgemässe Ueberschau, in Orientirung).

Sobald dagegen bei dem, in seiner Totalität unüberschaubaren, Makrokosmos nach abschliessender Betrachtung (für Anfang, sowie Ende) suchend, nach der Ursachen Ursache, nach dem immanenten Grunde des Daseins, schrickt gern das Denken zurück vor dem (an einem »Kumulipo« oder »Ginnungagap«) entgegengähnenden Abgrund des (bythisch) Absoluten, wo im nebularen Gewirbel chaotischer Avyakta eine provisorische Stütze (für die Eins im logischen Rechnen) erst im Letztkleinsten, (der Atome oder Paramanu etwa), gefunden werden könnte, nie jedoch eine definitive, durch Eruirung in »Uratomen«, soviele man solcher, mit Abgleiten in den »Regressus ad infinitum«, auch zufügen möchte, und was dabei die Monaden vielleicht beseelen sollte, läuft mit einer $\psi v\chi\grave{\eta}$ $\vartheta\varrho\epsilon\pi\tau\iota\varkappa\acute{\eta}$ (des Jiva) in Wortverwirrungen aus, über die auch in Lebenskraft wirkenden Kräfte (und deren idolische Hypostasirungen wiederum), aus Uthlanga (im Bantu).

Schlimmer als der die Pradhana (in einer Prakriti) stauende Machtspruch (einer Evolutionslehre) äfft ein »deus ex machina« (in Schöpfungstheorien), weil mit dem Weiterfragen nach dem zureichenden Grund divinatorisch offenbarter »Divinitas« — (vom Ersten zum Erst-Ersten im »Hen«, oder wenn dem $\pi\alpha\tau\grave{\eta}\varrho$ $\check{\alpha}\gamma\nu\omega\sigma\tau\sigma\varsigma$ sein $\pi\varrho\sigma\pi\acute{\alpha}\tau\omega\varrho$ vorgesetzt wird u. s. w.) — die Unendlichkeit weiter und weiter ausweitet (mit dem Progressus oder Egressus), während der Regressus ad infinitum zu einer Abspitzung wenigstens zu tendiren scheint (in Ta-aka-ia-roe oder dgl. m.).*)

Wenn, im noch (mit Po-no) umnachtenden Dunkel — seiner Avidya oder Unwissenheit (im Nicht-Wissen) —, dem (in Ao)**)

---

*) Cf. „Ethnologisches Bilderbuch" (Berlin) 1887 (Tafel XXI).
**) Cf. „Heilige Sage der Polynesier" (S. 71).

klärenden Wissensdrang (zur Panja) folgend, hat das Denken zunächst in den Schranken seiner Vorstellungswelt zu verbleiben, und eine Hoffnung zu erlösender Befreiung erübrigt nur in der Aussicht auf eine Vervollkommnung des logischen Rechnens bis zu höherer Analysis im Infinitesimalcalcul, kraft ethnisch-naturwissenschaftlicher Psychologie (um die auf dem Wege der In- duction gewonnenen Ergebnisse durch die deductiv angelegten Proben controlirend sodann festzustellen).

Das Fehlschlagen der in der Deduction versuchten Experi- mente liegt culturgeschichtlich erwiesen vor, und zwar einge- standenermassen schon durch das Postulat des Glaubens in den Religionssystemen, während die buddhistische Religionsphilosophie am Wissen festhalten zu müssen meint. Hier liegt bereits das (in der Physik noch jungen Jahren proclamirte) »Gesetz von der Erhaltung der Substanz« ausgesprochen, in Anknüpfung an den »Weltäther« Akasa's (in Okasaloka).

Die Psychologie des Abhidharma präsupponirt transcendental idealistische Identität von Subject und Object [denn der Chitr existirt nur in Bezug auf sein Arom, aus der zwischen Tan-matra und Panch-Maha-Bhuta (in Sthula-Bhuta) praestabilirt gesetzten Wechselwirkung], und das Anhaften an Upadana (als »Hypo- keimenon«) deutet im Schein (der Maya) auf das eigentliche Sein der »Dinge an sich« (in Nirvana-Dhatu).

In Periodicität der Erneuerungen und Zerstörungen (im »Entstehen und Vergehen«) unterliegen die Zusammensetzungen in Sankhara ihrem Verfall bis auf elementare Grundstoffe (in den Dhatu), und wenn also, beim (individuell jedesmaligem) Tode, Rupa- Khanda (des Körperlichen) auseinanderbricht, ist es mit allem bisher in zusammengesetzten Vorstellungen Existirenden vorbei, für die äusseren Ayatana sowohl (bei Reduction zurück auf ele- mentare Panch-Bhuta), sowie für die inneren, bis auf Vinyan, weil gleichfalls ein Dhatu (im Geistigen).

Bei Uebergang des Chuti-Chitr in Patisonthi-Chitr bevölkert sich (je nach der durch die moralische Verantwortung des Kar- man bedingten Bekleidungsweise, aus anorganischem Substrat) die Weltenbuntheit mit organisch »athmenden Wesen« (pneuma- tisch theilhaft am Ruach), nicht nur in der Menschenwelt der Manusha-loka (wie durchgängig in den Metempsychosen oder Metasomatosen), sondern auch je nach (platonischer) Leidenschaftlichkeit, in Tiracchana-loka (der Thierwelt), in Preta-loka, Asura-loka, Dewa-loka u. A. m. (in einer »Nanda's« Pflanzenbeseelung selbst, je nach den Controversen über Ajiva), um wiederum umzu-schwingen im τροχὸς γενέσεως (eines κύκλος ἀναγκαῖος unter Banden ehernen Bann's). Eine Befreiung kann folgerichtig nur dann er-langt werden, wenn Mano, als sechster Sinn (in Mano-Vinyana) sein Arom in Dhamma (als Nama-Dhamma) durchschauend, ein Selbst erkennt, und sich so mit den Weltgesetzen selber identificirt, im Paraparavastu (nämlich mit dem, aus den Durchkreuzungen der seelenlosen Gebündel vorgespiegelten, Ichbegriff, der so sein Ver-ständniss zu gewinnen hätte, — nach dem irdisch formulirten Gebote eines »Gnothi-Seauton«).

Für den einzig Einzelnen also, dem als Centrum seiner Vor-stellungswelt jedes weitere Interesse an derselben (bei ihrem Untergang oder Vernichtung) erledigt ist (weil fortan aus Anitya in Nitya gerettet), wäre dadurch Alles zum absolut definitiven Ende gelangt, weil wer eingelaufen in den Friedenshafen der Ruhe, ausgeklungen ist in dortige Harmonien (kosmischer Gesetze). Ihn, den fortan Kummerlosen kann Nichts mehr bekümmern; kümmert es nicht, ob die Welten (in ihren Chiliokosmen) fortrollen, nachher wie vorher, ob? oder ob nicht? — da Alles ein leeres Nichts (gegenüber eigentlicher Realität, in Asangkhata-Ayatana).

Doch wenn, aus müssiger Neugier vielleicht, wie sie den Epikuräer gequält, die Frage sich stellen sollte, über das Warum makrokosmischer Fortdauer, nachdem der im Tathagata voll-endetste Mikrokosmos, (der in allen seinen Wesensgestaltungen vom belebend erkennenden Geist durchwanderte), dahingeschwunden und verschwunden, so besitzt der Buddhismus auch hierfür eine Antwort (seinem dialectischen System entsprechend).

Die Zusammensetzungen (der Sankhara) sind dahin bei der Zerstörung, aber auch für die elementaren Dhatu besteht (je nach dem Um- oder Durchgreifen derselben) keine volle Sicher-heit (wenn nicht in einer Hiranyagarbha hinübergerettet), obwohl es ihrer (zur Welt-Erneuerung) unbedingt bedürfen würde, wie sein »Pimble« (s. Beveridge)*) dem australischen Philosophen (oder

---

*) Wie dieser seinen australischen Wildlingen gegenüber (cf. „Wie das Volk denkt", S. X) fand sich Lahontan in Canada oft: „très embarrassé à répondre à leur objections impertinentes", obwohl „on ne regrette jamais le temps, qu'on a passé avec ses Philosophes rustiques" (1703 p.).

Manobozho's Sandkorn dem algonkinischen). Das Vergängliche des
Materiellen (ob die Elemente in altüberlieferter Vier-, ob in moderner Mehrzahl gezählt werden) liegt vor Augen, aber auch das
Geistige (in Vinyana's Dhatu) kann nicht länger helfen, weil jetzt
kummerlos unbetheiligt (in der Mokscha Seligkeitsgenuss). Hier
nun tritt das fünfte Element hinzu, in Akasa, das, weil nicht der
in Anitya hinfälligen Welt (des Sansara) angehörig, sondern dem
Immerseienden Nitya's (in Okasaloka), überdauert, und zwar, —
nachdem der auf den Megga zum Nirvana Gelangte, [der mit
letztem Abstossen des Körperlichen (in Parinibbanam) seine (bis
zum Weltende) unzerstörbaren Dhatu zurücklässt], in's Maha-Pari-
Nirvana eingegangen —, unter (stoischen) Elementarwandlungen,
(aus Aether in Luft und Wasser bis auf erdigen Niederschlag),
um (brütend) zu schöpfen, in Feuerskraft (der $\pi v \varrho \acute{o} \varsigma \ \tau \varrho o \pi a \acute{\iota}$), wie
bei Brahma's erhitzender Busse (in Tapas' Inbrunst). Und so
mag es denn fortgehen; was indess denjenigen nichts anginge,
der selbstgenügsam mit der Würde eines Pratyeka-Buddha sich
begnügen will, ohne mit der Aufopferungsfähigkeit des Bodhi-
sattwa unter die Menschheit, zum Besten derselben, nochmals
zurückzukehren (um seines endgültigen Heiles desto gesicherter
zu sein, je nach innerlich eigenem Anspruch).

Der Anfang und Ende zusammenfügende Schlussstein wird
darin gelegt, dass Akasa (der Aether) das (in Präformation)
homologe Aromana zu »Sota« bildet, im Ohr, wie Rupa (oder die
Gestaltung, im Eidos des Idealen) für das Auge, (das Erdige für
den Geruch, das Wässrige für den Geschmack, und dem Gefühl
sein Tasten in Phottabbhava des Kaya).

Indem also (mit der Sprache) das dem optischen correspondi-
rende Lautbild hinzutritt, aus dem gesellschaftlichen Seelentheil
(des Zoon politikon), um dem individuellen (auf psychisch-physi-
scher Basis eingebettet schlummernden) sein Bewusstsein zu
wecken (seit der in Witekka und Witchara erregten Aufmerksamkeit), so würde demgemäss, obwohl der Einzelne seine Rechnung
mit der Welt abgeschlossen haben möchte, der auf sprachliche
Sphäre in Akasa's (als Ajatakakasa's) Ewigkeit auslaufende Gesellschaftskreis fortleben (in der »Erziehung des Menschengeschlechts«
und seiner Geschichte).

Nur bei derartiger Consequenz subjectivistischen Gegrübels
würde (vor Ausrüstung des logischen Rechnens mit seinem natur-

wissenschaftlichen Apparat) eine Möglichkeit gegeben sein können, um für die Anordnungen in der als vorhanden entgegentretenden Welt über Erklärungsgründe Rechenschaft abzulegen. Auf objectivem Standpunkt stehen die kosmologischen Antinomien als Veto entgegen, und in ihrer Nichtbeachtung liegt das πρῶτον ψεῦδος des »Monismus«, der durch glanzvoll durchschlagend eingreifende Reform die gesetzlichen Wechselspiele in umgebender Natur mit buntester Fülle und Pracht entfaltet hat, aber bei Hinausschreiten in Transscendenz den naturwissenschaftlichen Kanon umzustossen droht, wenn abblassend in metaphysisch müssige Denkspielereien, — und stümperhafte zugleich, im Vergleich zu denjenigen, woran schulgerechte Koryphäen der Metaphysik ihre Rösselsprünge probirten, im Schachspiel zwischen Natura naturans und Natura naturata. In tautologischer Grundregel (euclidischer Mathematik) bedarf das Rechnen seiner Eins, zum ersten Beginn der Rechnungsoperationen überhaupt, und so das logische Rechnen (im Addiren und Subtrahiren).

Ob solch' erste Eins von Elementen, von Molekulen, von Atomen, Ur-Atomen, im »Protyl« etwa oder in gesetzlich gebundenen Kräfteschwingungen zu finden sei, (mit genügend versicherter Festigkeit, um dem Anschlingen des Leitungsfadens hier zu trauen), bleibt der Entscheidung jedesmaliger Fachkundiger überlassen (ohne Berechtigung auf laienhaftes Hineinreden). Aber die Sicherheitsprobe muss (und wird) verlangt werden, sonst geht es uns Allen an den Kragen (bei Consolidarität der Menschheits-Interessen).

Um uns in der Mannigfaltigkeit der organischen Lebenswelt zurecht zu finden, scheint für provisorischen Ausgangspunkt am nächstliegendsten, bei demjenigen stehen zu bleiben, was sich in Verknüpfung mit kosmisch-meteorologischen Agentien als soweit typisch klimatischer Ausdruck manifestirt, bei Ueberblick der geographischen Provinzen, wie in gegenwärtig laufender Erdperiode am deutlich erkennbarsten vorliegend (nach den bis in's schärfste Detail ausverfolgbaren Differenzirungen).

So in Entgegennahme der Didomena vermeidet man die Fährlichkeit eines eigenwillig ersten Schrittes, denn stets ist er ein Wagniss, »le premier pas, qui coute«. Wer ihn riskirt, mag dann, den eigenen Kopf in der Hand, sich selbst zum Begräbniss tragen (in der Kopflosigkeit des heiligen Dionys), und nachdem

der Rubicon überschritten, ist weiterhin (um in der gewählten
Richtung das Erforderliche zurecht zu legen) Alles leicht genug;
so leicht, um oftmals allzu leicht befunden zu werden (auf idio-
synkrasisch eingeschlagenen Wegen).

Als der feststeckende Atomistiker mit kleinster Abweichung
von der Fallrichtung sich forthelfen (und mittelst deren Unmerk-
lichkeit durchschlüpfen) zu können meinte, fand der kritisch ge-
strenge Reformer dies gar zu »unverschämt«, und hätte vielleicht
gleich unwirsch gemurrt, wenn mit den Kohlenstoff-Atomen der
Plasma-Verbindungen, ein »kleines Plasmaklümpchen« die Grenzen
der Cohäsion »überschreitet«, so dass mit der »ersten Monere«
das organische Leben neu beginnen kann. Gar prächtig, wie es
will, von wärmsten Wünschen begleitet, in aller Vielfachheit und
buntesten Mannigfaltigkeit der Variationen, je mehr desto besser
und herrlicher, soweit innerhalb gesetzlicher Bande schwingend,
soweit thatsächlich bezeugt, soweit das Lebensprincip der Naturwissenschaft nicht verletzend: ihr geheiligtes Hauptgebot, dass
stets ein festgesicherter Boden verbleibt, zum Fussauftritt. Ein
Schrittchen darüber hinaus, und das Ganze ihres stolzen Baues
bräche zusammen.

Wie fernerhin, nach der Erweiterungsmöglichkeit, vom Centrum aus, die Peripherien dehnend sich breiten mögen, ist nicht
a priori mit enggesteckten Schranken zu umgrenzen (in der Dürr-
heit höherer Systematik), sondern a posteriori zu entnehmen,
was die Erfahrungen lehren werden (in zunehmender Masse der
Belehrungen). Vielfach mögen die Peripherien in äusserster Ausdehnung nähernd sich berühren, aber nie, so lange verschiedenen
Centren zugehörig, ist der Hinübertritt gestattet, denn mit jedem
solchen Schritt, so klein und schmal er auch sei (oder scheine),
wäre ein Tabu verletzt, die Grenzlinie überschritten zwischen Er-
laubtem und Verbotenem, zwischen dem in naturwissenschaft-
lichem Sinne (der Physis) deutlich Verständlichen und dem so
bezüglich Sinnwidrigen (in metaphysischem Gewusch).

Mit hell-scheinend blitzenden Waffen kämpft der Monismus
für eine einheitliche Weltanschauung, und um so siegreicher, je
mehr die Psychologie ihrem naturwissenschaftlichen Anschluss
sich nähert (nachdem die Spannungsreihe der Elementargedanken
hergestellt ist).

Unter den für gleiches Ziel verbündeten Lagern mag manchmal

manch' polemischer Staub unnöthigerweise aufgewirbelt werden, durch Wortfechtereien über »flatus vocis«, in terminologischen Interpretationen eines Systems, das, obwohl ein stichhaltiger Ausdruck für das s. Z. thatsächlich Constatirte, immerhin zeitgemässe Reformen zu erhalten hätte, wenn deren Zeit heranrückt.

Im mustergültigen Reform-Werk (des Jahres 1859) hiess es: „that animals have descended from at most only four or five progenitors and plants from an equal or lesser number". Wie viel oder wie wenig bleibt also überlassen, und obwohl Beschränkung schon zur Bequemlichkeit in der Prüfungsaufgabe sich empfiehlt, hätte doch im Uebrigen, der Unendlichkeit (in Finalursachen) gegenüber, die unendlichste Zahl um keinen Deut mehr zu gelten, als einfachste Eins, so dass man sich in solcher Hinsicht weder in der einen noch in der anderen Hinsicht irgend welchen Zwang anzulegen braucht, so lange wir, statt objectiv von der Natur zu lernen, sie (und uns) zu belehren suchen (im Systematisiren, nach dem Maass unserer Kenntnisse). Wenn „we may safely conclude, that all our domestic breed have descended from the Columba livia", steht nicht das Mindeste im Wege von Species zu früher Repräsentation im Genus zurückzugehen, oder auch ganze Familien, Ordnungen oder Klassen in Ascendenz und Descendenz ἄνω καὶ κάτω zu verschieben (verengend oder erweiternd). Gegen Alles das (und Aehnliches sonst) werden keine Einwenduugen erhoben werden von Seiten derjenigen, denen es nicht das System gilt, sondern die Natur, und also die Heilighaltung des der Wissenschaft von ihr vorangestellten Cardinalgebotes, ein streng ernstes, treu ehrliches Festhalten an dem soweit als thatsächlich Gesuchten Beweisbaren. Dahin fällt Kern und Lebensfrage künftigen Entwickelungsganges. Statt mit dem Zuckerbrot der Hypothesen (da lockende Verführungen ohnedem rasch genug kommen), ist die Jugend mit substantieller Ernährung, mit der Thatsache tocknem (aber deshalb nicht vertrocknetem) Hausbrote zu ernähren, und wer unter solcher Zucht [in denjenigen Jahren, welche (nach der von den Wildmenschen in ihren Pubertätsweihen *) beobachteten Maximen) der Zügelung sehnsüchtig aufstrebender Begierden (nicht etwa gar einer Anreizung) bedürfen], im Zustand vollkräftiger Gesundheit zur Mannheit aufgewachsen ist, wird dann am nachhaltigsten dasjenige zum Ausdruck bringen, was den eingesäeten Keimen nach in sein Fleisch und Blut übergegangen ist, um den Zeitgeist zu verstehen, — im Geiste der Zeit, die für den unsrigen eine einheitliche Weltanschauung verlangt, und (zum Abschluss des „naturwissenscaftlichen Zeitalters") einen Anschluss der Psychologie als Naturwissenschaft. Die heutige Philosophie leidet „geradezu an einer Sprachverwirrung" (s. Eucken), während „Ungenügendes und Verworrenes sich zur Weltmacht aufwirft und philosophisch inhaltsleere Begriffe mit dem Ausspruch auftreten, alle Bedürfnisse geistigen Lebens zu befriedigen" (mit der Form im „vollen Widerspruch zum Inhalt"), „Abstracta wie Gottheiten verehrend" („also z. B.

---

*) „Zur naturwissenschaftlichen Behandlung der Psychologie", S. 134 u. flg. („Allerlei aus Volks- und Menschenkunde", S. 274. u. a a. O.)

Monismus, Immanenz, Entwickelung, Fortschritt"), indem „es schwer hält
zu beweisen, dass der Materialismus über seine unmassgeblichen und ab-
sprechenden Meinungen jemals nachgedacht hat, denn sie verlaufen nur in
Zweideutigkeiten, welche aus der losen Verknüpfung von corpuscularer
Atomistik und Evolutionslehre entstehen" (s. Harms). Loka-wisaya („the
size of the Universe or how it was first brought in existence") gehört zu
den vier Geheimnissen, die nur einem Buddha bekannt sind (im Welträthsel).
Die ketzerischen Ansichten über Unendlichkeit oder Endlichkeit der Welten
(wie im „Nawantananantawada" u. s. w.) finden sich (s. Hardy) im Brahma-
jala-sutra aufgezählt (durch Gotama Buddha). Das Hingelangen in der Verlängerung der den Viti-Chittam (auf den Denkwegen) innewohnenden Richtung bis zu den Megga, als den (in's Nirvana hinausführenden) Pfaden, ist
das Characteristische für die Anagami-magga-dhamma-puggala (auf der
Heiligkeit Pfaden des Gesetzes wandelnd), mit Fortgang zu den Phala oder
Früchten (cf. Paramatta-Miezu), bei weitest gedehnter Ausverlängerung der
Denkrichtungen (in Durchschau des Daseins). Das hinge wieder von der
Existenzdauer ab. In der Nat-Welt der Chaturmaharajika entsprechen
500 Jahre (wie das Leben dort dauert) 90,000 Menschenjahren, in Tawa-
timsa währt die Seligkeit 10,000 Jahre oder (nach menschlicher Rechnung)
380,000 Jahre, in Yama 2000 (1,440,000) Jahre, in Tusita 4000 (5,750,000)
Jahre u. s. w. (dem Paramatta-Miezu gemäss), cf. Rlgph. Pr. (S. 132). Die
Nymphen leben 10 Geschlechter des Phönix, dieser 9 des Rabens, dieser
3 des Hirsches, dieser 3 der Krähe, diese 9 des Menschen (s. Plut.). Der
Dämon des langen Lebens trägt einen Hirschkopf (bei den Maya), auch in
Santa-Lucia (auf den Steinsculpturen).

Tafel-Erklärung.

Ohne Räumlichkeit (eines „Ubi«) begreift die Absolutheit — in sich gefestigten Immer-Sein's (des in »Nitya« aionisch Ewigen) — das Nirvana-Dhatu (Awakasaloka's oder Okasaloka's) durch Vermittelung Akasa's, als »Aethers«, (in den Elementarwandlungen); ihren Schein werfend auf Sankara-loka*), die durch den Wechsel vergänglicher Unwesentlichkeit (Anitya, Anatta) im Schmerz (Dukkha) das Leiden bedingt, für die athmenden Wesen (Satta-loka's).

Das Centrum bildet (über den Naraka) die Manussaloka, als Menschenwelt (neben Teratschana-loka, Preta-loka, Asura-loka) in Djambudwipa, während am Meru aufsteigend, (darüber) die Deva-loka beginnen, und dann die Rupa-loka der Bramayikas (bis zu Arupa), aber die Lösung des Weltproblems centrirt in Manussa-loka (wo allein das Heilswort der Erlösung verwerthet werden kann), da alle übrigen Loka ihre »raison d'être« nur besitzen, soweit als Zwischenstufen (für die Palingenesien) erforderlich, bis zur Klärung Avidya's in Panja, mit Zielrichtung auf das Betreten der Megga (zum Eingang in Nirvana).

Wenn an dem, im Himawant (des Himalya), von Djambudwipa am Meru aufwärts erstreckten Bergwald emporsteigend, findet man sich verrückt in eine Märchenwelt »mondbeglänzter Zaubernacht", in das Reich der Feen, Elfen, Sylphen, Sirenen, der Gandharva (als himmlischer Choristen), der Thephakonthan (»angeli odorum«), der Kinnara, Rakshasas und Wunderthiere bunter Art.

---

*) Als Sansara (umwandelnd), durch das Rad (des Diskus) allegorisirt, vertritt Sankhara die Welt des Anorganischen, der (einbegriffenen) Satyaloka gegenüber (in den „athmenden Wesen", denen in der Menschheit das Mittel zur Befreiung geboten ist, wenn richtig benutzt).

Dort (in einem Venusberg) spielt es in lustigen Possen an
Mahadeva's Hofstaat, (auf Kailasa's Hölen), dort lagert träumerisch, an den Gestaden des Milchsee's, Narayana, bis durch Hilfs-
geschrei hinabgerufen, um sich in den Heldenkönigen Aryavata's
zu incarniren, und dort in freieren Höhen stehen die Chatuma-
haraja Wacht, um den Palastsitz Sakko's auf der Scheitelfläche
des Meru, gegen die Angriffe der aus ihren Felsklüften alljährlich
heranstürmenden Asuren zu schützen, ehe sie durch Indra's Blitz-
strahl niedergeschmettert sind, wie himmelstürmende Giganten
durch den des Zeus (auf des Olympos' Hochsitz thronend). Dies
ist der in ethnischen Elementargedanken allüberall bekannte
Himmel zur Aufnahme der gewaltsam dem Leben Entrissenen,
der auf dem Schlachtfeld Gefallenen, die durch Walkyren in
Odhin's Walhalla, hier durch Apsaras eingeführt werden, an
Seiten Chormuzda's zu streiten (in Iran's Pehlewi gegen Turan).
Weiter oben, wo der Schlachtenlärm verstummt, breitet sich über
den Wolken der Himmel der Friedensruhe, wo von den Gestirnen
umstrahlt Yama die in Ruhe dahingefahrenen Pitri empfängt,
und mit Argus-Augen (gleich weit gebreitetem Varuna) über die
Thaten der Menschen wacht, um in Chitragupta's Buche Schuld-
rechnung zu führen, und die Schuldigen hinabzubannen in (eines
Chaysi's) Eisenkerker, des Tartarus (in den Naraka).

Im dritten Himmel*), wohin die Entzückten versetzt werden,
sitzt kreuzbeinig der als Phaya Alaun seine Incarnation erwartende
Buddha der Zukunft, Maitreya, der Paraclet, umgeben von frommen Hymnen- und Psalmensängern, von Durchforschern der
heiligen Texte, aber ein Dorn im Auge dem im siebenten Himmel
thronenden Herrn dieser Welt, der nicht weiss, wie er dorthin
gekommen, aber zürnt und tobt, weil sein Reich, das der Fleisches-
lust, zertrümmert sein wird, durch die aus höheren Aeonen herab-
schallende Heilslehre.

Ueber Tuschita folgt der Himmel Nirmanarati, epicuräischer
Götter, die sorgen- und kummerlos ihrer Seeligkeit sich freuen,
und allerlei Gaukeleien treiben, kraft der magischen Kräfte, die sie
sich mit dem Götterthum erworben. Im höchsten Himmel Kama-

---

*) Die ceylonischen Illustrationen dieser Himmel finden sich im „Ethno-
logischen Bilderbuch" auf Tafel III, mit den Höllen (Tafel IV), ebenso
(jainistisch) „Ideale Welten" Bd. II (Tafel XII).

vachara's weilt nun der durch sein Werk auf der Karma-marga (in Dhana oder Almosen) dort mit dem Herrschersitz belohnte Mara, der Widersacher Buddha's, und schon in seinem eigenen Himmelsreich auf einen Widersacher stossend, bei dem in seines Gegners Vasallendienst übergetretenen Wessamuni (der sich zu Buddha's Lehre bekehrt hat). In solch' siebentem Himmel treffen sich Götter vom Range Allah's (und monotheistische Collegen), aber gnostisch degradirt zum Demiurgos, in dadurch erregter Feindschaft Jaldabaoth's, der trotzend seiner Zaun zu ziehen sucht gegen die mit Obmacht bedrohenden Aeonen über ihm (bei Ophiten, damalig-dortigen Nagarjuna's).

Dann beginnen in den Dhyana-Terrassen die Rupaloka, mit den drei Himmeln des Ersten Dyana, in Brahmaloka, wo Mahabrahma sich als Schöpfer proclamirt hatte, bis durch Buddha eines Besseren belehrt. Als unter den Wechseln der zu entsprechend verschiedenen Höhen aufsteigenden Zerstörungsweisen (durch Feuer, Wasser, Wind) bei der Neubildung aus Adrishta (in unversehrt erhaltenen Dhyanaloka höchster Regionen) zuerst wieder ein Karman sich erschöpft hatte, und der als Erster nach Brahmaloka Hinabgeglittene sich dort als Schöpfer supponirte, (auch aus dem Rechte der Anciennität als solcher von den Nachkommenden anerkannt worden war), stiessen einige dieser Sprösslinge aus dem Lichtglanz Abhassara's*), bei ihrem Durchfliegen des Weltraums, auf die in paradisischer Schöne frisch erneute Erde, und hatten dann, als durch Essen der Süsskruste**), — das Eis der Glacialzeit — oder Prithivirasa (und später, nach den Trüffel-

---

*) Die Körper der Abhassara strahlten im Licht, so lange sie nur von Priti (Freude) sich nährten (vor dem Genuss irdischer Speise). Die Bewohner der Welt besassen anfangs rein aetherische Körper (b. Bardesanes), die Körper Adam's und Eva's waren unsichtbar, bis zum Fall (b. Bourignon). Die zuerst von Brahma geschaffenen Wesen (der vier Kasten) bewegten sich unbehindert, mit Hari im Herzen wohnend (nach den Vishnu-Parana). — La terre a commencé par un printemps perpetuel (s. Delormel), l'obliquité de l'écliptique a d'abord été nulle pendant le parallélisme (puis l'écliptique, se rapprochant progressivement des pôle, il y a eu déluge au moment de sa perpendicularité avec l'équateur). As the world is at first produced by the power of the united merit (punya-bala), of all the various orders of beings in existence, so its destruction is caused by the power of their demerit, papa-bala (s. Hardy). Die Schöpfung tritt in Entstehung aus dem Unsichtbaren oder Adrishta (ἐξ ἀιδ'ου).

**) Cf. „Ideale Welten", Bd. III (S. 5 u. flg.).

pilzen oder Ngavan-Din, des Reis) beschwert, unter verdunkeltem Körper dort zurückzubleiben, beim Abfallen der Fittige, aber mit (platonischer) Anamnese der Kalyana-phuttujjana, denen dann von unten her die Andha-phuttujjana*) hinzutreten, in der festgehaltenen Kastenscheidung, bis Buddha aus dem Geschlecht Mahasammata's in das der Tathagata übergetreten war (wie seinem Vater erklärt, beim Besuch Kapilavattu's).

Wie weit die in Alldurchschau (im Bodhi) umfasste Welt von dem Einzelnen durchblickt wird, hängt von jedesmaliger Länge der Gedankenreihen ab. Für Manche (oder Meiste) reichen diese, über die deisidaimonisch in nächster Nähe umgebende Preta-loka etwa bis zu den theatralischen Unterhaltungen in Kailasa's Horselberg. Andere treibt ein ruhmsüchtiges Streben bis in Indra's Walhalla, während friedlich Gestimmte die Ruhe bei Jama ersehnen (mit den Pitri vereint, im Monde). Verzückung führt zu Tushita, oder mit den Meditationsübungen in Yoga bis zu den Dhyana, während erst mit den Megga sich der Ausblick öffnet auf das Endziel, von woher die Harmonien eines (auf Akasa's Aetherwellen schwingenden) Sphärengesanges herabtönen, für lauschendes Ohr (dem unter den harmonischen Gesetzen seines Kosmos dann ein Verständniss kommen mag, wenn so geneigt).

Die erste Tafel, welche das buddhistische Weltsystem auf einem aus Birma nach Ceylon gebrachten Gemälde (mit dort angefertigter Copie) darstellt, hat, aus sachkundiger Hand, genauere Erklärung im Ersten Bande der »Idealen Welten« (Tafel II) erhalten**) (Berlin 1892).

---

*) Cf. „Religionsphilosophische Probleme", I (S. 125).

**) Bei Naivasamjnanasanynayatanabhumi steht die Existenzdauer aus Versehen mit 30,000 Kalpas verzeichnet, statt 80,000 Kalpas (die brahmanische Kalpa währt 4320 Millionen Sonnenjahre). Ein grosser Flachstein, 1 Yuzana messend, würde, wenn täglich 48,000 Yuzanas fallend, 4 Jahre, 1 Monat und 17 Tage bedürfen, um die Erde zu erreichen (nach dem Paramatta-Miezu). Wenn 9 Tage und Nächte dereinst ein eherner Amboss fiele vom Himmel herab, am zehnten käme er zur Erde (s. Völcker), und ebenso lange bis zum Tartarus (bei Hesiod), so weit unter dem Ais, wie über der Erde ist der Himmel (bei Homer). Hephäst fällt vom Olymp einen Tag hindurch (bis zur Erde). Um vom Gipfel des Maha-Meru auf die Erde zu

Die Dhyana-Welten steigen auf (über den Devaloka), in den drei Terrassen des ersten, zweiten, dritten Dhyana (in jeder dreifach), dann in der des vierten (zweifach) und nach einander darüber 'gethürmt die fünf Himmel der fünfteu Stufe, während die vier Arupa-loka seitlich daneben gestellt sind.

Unten fallen die Naraka ab und in der Mitte (über Asuranam-Loka, Petaloka und Tiracchana-loka) findet sich (zwischen den sieben Kulasala) die Manussaloka am Su-Meru, auf den Trikuta-parwata mit drei Spitzen gestellt, wie der die Dreiheit verknüpfende Urbaum (Scandinavien's) mit der vom Urdharbrunnen bewässerten Wurzel in die Welt der Asen hineinschlägt, mit der des Mimirbrunnens in die der Hrimthursen und in die Tiefen (Niflheim's) mit der Hvergelmir (des chaotisch tosend brausenden Kessels), als »olla stridenz« (s. Grimm), wo es gewaltiglich stürmt, wie im $\chi\acute{\alpha}\sigma\mu\alpha$ (Hesiod's), um (in Boyle's »kosmischem Mechanismus«) das Eis zu schmelzen mit Muspell's Hitze, im Gap Ginnunga oder (auf Hawaii) Kumulipo (als Bythos). Cf. »Heilige Sage der Polynesier« (S. 70 u. a. O.)

Daneben (Fig. 2) findet sich die jainistische Anordnung (cf. »Ideale Welten« I, Tafel IV), und oben sitzt dann der Tirthankara

---

fallen, braucht ein Stein 4 Monate 15 Tage (in halber Höhe, über dem Wasser). Die Arupa-Welten (mit unterster Hälfte 71,856,000 Yuzanas entfernt) öffnen nach obenhin aus (cf. Paramatta-Miezu), ohne Bedeckung (am Firmament). So ist es dort (wo nur Nama existirt), dass der durch allseitigen Zusammendruck Alles — auch das die Erde tragende Grundwasser (wie Nagasena seinem königlichen Disputant ein Aufsaugen der Spritze demonstrirt) — erhaltende Ajatakasa eindringt, um aus Aether (oder Anaximander's Apeiron, als $\mu\acute{\iota}\gamma\mu\alpha$) seine elementaren Metamorphosen zu untergehen, als fünftes Element der Vierheit hinzutretend, und dann (als sechstes Element) entspringt Vinyan — aus Wechselwirkung im subjectiven „underwurf" und objectiven „Gegenwurf" oder (b. Eckhart) „widerwurf" (zwischen den Ayatana, als ajjhattikani-ayattanani und bahirani-ayattanani). „Am Himmel öffnet der Aether" (b. Homer). Die Erde ist durch sich selbst gefestigt (Paa-nona-ho), als grosse Masse (honua) und in derselben ein Loch gelassen, für die niedersteigende Sonne (auf Hawaii), in Amenti's nilotischen Westen, wohin die Todten folgen (auf Mangaia). Den Maha-Meru tragend, ruht (als Dreigestell) der Trikuta-Fels auf dem von Jala-Polowa mit Wasser (auf Luft, als Wa-Polowa) gestützten Weltenstein (Gal-Polowa) der Erdenwelt (Pas-Polowa). Avichi, unter dem Fundament (als Pamsupathavi) lagert auf dem Sila-pathavi (als Grundstein).

auf seinem Siddha-Sila bei Festhalten der Persönlichkeit (in Atma) auch für Moksha, vor dem Aufgehen in Paraparavastu (eines Nirvana).

»Kein Anfang lässt sich erkennen, seit welchem die Wesen, im Nichtsein befangen, unter den Fesseln des Daseins wandernd umherirren« (nach der Samyuttaka Nikaya), wohl dagegen der »finis primus« (b. Baumgarten), als scopus, (»cosmical, primary and overruling ends«), in Zielrichtung des Wissens unter Aufhebung der Avidya (mit zunehmender Aufklärung umnachtenden Dunkels).

In seiner Nacht sich eine Fackel entzündend, ist der Mensch eine erloschene Fackel beim Tode (s. Heraklit), und das Weltfeuer brennt fort, erloschen und wieder entzündet (unter periodisch temporär gestätigtem Fluss der Wandlungen, ohne Unterlass). Dies ist die Lebenshölle, wo »Alles brennt« (nach Buddha's Feuerpredigt), aber in dem unter solchem Lichtbrand erhellt Geschauten harrt die labende Kühlung (in Nirvana's Friedensruhe). Nur Eins, ohne in Rauch aufzugehen, dauert im Feuer (des Skoteinos), »c'est le devoir accompli, c'est le mérite acquis« (s. Matinée), im Abgleich moralischer Verantwortlichkeit (aus Karman), beim Verwehen des Gewölks (im durchzuckenden Blitz). »Der Zeitpunkt, wenn im Hervorscheinen des Mondes, hell und klar, das Nakkarökh in Ueberlegung und Betracht gezogen wird, ob gut oder böse, das ist der des Khotaraphuxavana, in Betrachtung des Niphan, als Aromana« (nach dem Abhidhammatthasangata).*) »Le Nirvana est Asamskita« (s. Burnouf). »When nirvana has been revealed, gotrabhu-gnyana is of no further use, it is like the guide, who is dismissed at the end of the journey« (the exercise of Anuloma drives away darkness from the mind) mit (Subhuti's) Erklärungen (b. Childers), für den Puggalo Gotrabhu, im psychologischen Entwickelungsprocess, (der ausläuft auf Asangkhata-Ayatana). Cf. »Religionsphilosophische Probleme« (Berlin 1884) I (S. 5).

---

*) Cf. „Buddhismus in seiner Psychologie" (S. 348).

Die zweite Tafel aus dem »Ethnologischen Bilderbuch« (Taf. V, mit Erklärung) zeigt (in japanischer Auffassungsweise) die fünf Wiedergeburtsstätten in Kamawachara, der Götter, Menschen, Thiere, Preta (Gespenster) und Naraka (Hölle), wozu Asura-loka noch hinzukäme, im Sitz der Asuren, mit Suren kämpfend, oder mit (Odhin's) Einheriar, in Indra's (Sakko's) Tavatimsa (als dortigem Valhöll), wie (nach tibetischer Version) auf Tafel VII (No. 2) des »Ethnologischen Bilderbuches« (Berlin 1889) abgebildet, (unter zugefügter Erklärung), in den sechs Gati, als Unheilspfaden (apaya).

In der Mitte finden sich die drei Urwurzeln des Uebels, das Dreifeuer (Triwidhagni) in Raja, Dosa, Moha (Zorn, Hass und Dummheit), das Ganze umklammert*) von dem »Fürsten dieser Welt«, ὁ τῆς ὕλης ἀρχός (b. Athenagoras), in satanischer Ungeheuerlichkeit (der Deisidaimonie). Rings herum findet sich bildlich die Vergliederung im Rad der Nidana dargestellt, und zwar nach der (in der Sitzung der Anthropologischen Gesellschaft**) vorgelegten) Lesung Dr. F. W. K. Müller's (Hülfsarbeiter im Museum für Völkerkunde) folgendermassen:

Wû-ming (avidyâ), dämonischer Gestaltung (»ohne Licht«),

Hing (samskâra), im Rad-Symbol (des im Karman geschlossenen Kreislaufs),***)

Ših (vijñâna), in Gestalt des Affen, (frommen Patriarchats, in Tibet's Menschen-Ahn),

---

*) „Zuhand war der Mensch auf dem niedersten Felsen" (am Ende des Felsens aber ist ein gräulich Bild, das ist Lucifer); die auf dem neunten Felsen wohnen, sind die bewährten Anbeter (s. Merswin). Die Meditations-Terrassen ragen über die Kama-wachara (im Griff des „Wu chang ta kuei" oder Gross-Dämons der Vergänglichkeit) hinaus, bis in Akasa (Okasaloka's).

**) Die weitere Ausführung wird in nächstbevorstehender Ausgabe der „Verhandlungen" folgen (in der „Zeitschrift für Ethnologie").

***) Mit dem Töpferer (figulus) in Tibet (s. Georgi), als (ägyptischem) Schöpfer (auf der Thonscheibe).

Ming-seh (nâma-rûpa), das Fahrzeug und sein Lenker,
Luh-čhu (shaḍâyatana), embryonaler Anlage,
Čhuh (sparça), in Umarmung,
Šóu (vedanâ), nach der Empfindungsweise,
Ngái (t̥shṇâ), in Liebesregung,
Thsŭ (upâdâna), beim Ergreifen,
Yoù (bhava), das Dasein im Schmuck der Natur,
Šęng (jâti), der Geburtsact,

Laò (Alter)	*jarâ-*
piíng (Krankheit)	
sî (Tod)	*maraṇa.*

Dann folgen die Leiden des Lebens, Klagen, Gejammer, Pein, Mühseligkeiten (und was sonst).

Auf der anderen Tafel (aus dem Kandjur) sind die Nidana auf dem Kreisrand umschrieben, (E. B. VII, 2) als

Marigpa (Avidya),
Hdu-byed (Samskara), als *Hdu*, Zusammen-Machen *(hydpa)*,
Rnam-par-çes-pa (Vinyana),
Ming-dang-gzugs (Namarupa),
Skye-mched-drug (Sadayatana),
Reg-pa (Sparsa),
, *Tsor-pa (Vedana)*,
Sred-pa (Trishna),
Len-pa (Apadana oder *Upadana)*,
Srid-pa (Bhava),
Skye-va (Jati),
Rga-chi (Jaramarana)

mit den Folgen (wodurch der Heilsplan der Vierwahrheit benöthigt wird).

Oben auf dem Japanischen Bilde (cf. E. B., Tafel V) strahlt (im Spiegel*) der Sinto) die Scheibe des Nirvana (ohne »Ubi«), und hier lassen sich nun die Meditationsschichtungen der Bon in Dhyani zwischenschieben, soviel man deren will, jene nach der Weite des Aus- (oder Auf-) blicks (in Verlängerung der Gedankenreihen).

---

*) „Notre âme doit être comme une glace nette et polie, où dieu se puisse représenter à son gré" (s. Malaval) im „anéantissement" (denouement); das „reiche Nichts", worin Gott befunden wird (s. Louviguy). Dieu tire à soi les âmes anéanties (s. Saint-Samson), l'amour aspiratif est unitif (in „Miroir et les flammes de l'amour Divin"). In der „communication

Dem im Anfang der Kalpas in Betrachtung versenkten Brahma
erscheint die künftige Schöpfung, in der Unwissenheit Form, von
Dunkel umhüllt (nach der Vishnu-Purana), und die Welt (im
Welten-Ei) ist die Ausgeburt der Nacht (b. Democrit), die Nacht,
als Urquell aller Dinge (im orphischen Hymnus), unter Rollen
der Po-nai oder Mutternächte (polynesischer Kosmologie), während das Abhidharma die Unwissenheit (über dunklem Anfang)
subjectivistisch setzt, als Avidya, zum Ausgangspunct, und die (in
Sankhara, zusammengesetzte) Vorstellungswelt als vorhanden ge-
gebene entgegennimmt, zu vorläufig thatsächlicher Aussage,
worüber nun das mit Vinyan (aus dem Chuti-Chitr früherer
Existenz) eintretende Denken Rechenschaft abzulegen haben wird,
bei Klärung in Vidya (mit Panja), um sich im Interesse der
Welt mit dieser (zum eigenen Besten) abzufinden, — richtiger-
weis, wenn es gut geht (im Gut- und Gesundsein, aus Satya's
Wahrheit).*)

interne" fühlt sich Marie Guyart vom Logos umarmt (als Braut). Haec
aspiratio passiva ineffabilis est (s. Bona). Die „annihilatio activa" führt
zum „amor practicus" und die „annihilatio passiva" zum „amor fructivus"
(b. Canfeld), in Phala (oder Früchten), die sich, wie in Nirvana's Kühlung,
auch in heisser Gluth des Tantrismus (bei Umschlingung der Sakti) geniessen lassen (chacun à son gout).

*) Indem bei Meditation über das Kathain (materieller Elemente) das-
selbe durch Witeka (mit Beginn der Ihan) in Akasa sich auflöst (wie bei
schöpferischer Wandlung daraus hervorgegangen), erhält (als sechster Sinn)
Mano sein Arom (in Arupa-Dhamma), und bei den daraus entspringenden
Chitr bedingt sich aus den mitwirkenden Chetasik schliesslich Mano-sikara-
mana-Chetasik (im Bewusstsein). Von allen den aus dem Handeln (in
Karman) resultirenden Folgen (betreffs der durch Willenseingriff im Weltganzen ändernd hervorgerufenen Umgestaltungen), wird also auch Mano,
und zwar — weil atomistisch (in der Nyaya) — dauernd mitbetroffen, und
färbt deshalb (im Nachzittern seiner Persönlichkeit) den Chuti-Chitr gleichfalls (wegen hergestellter Verknüpfung), wie und wenn derselbe sich bei
Umwandlung in Patisonthi-Chitr mit neuer Existenz bekleidet (dem Karman
gemäss). Sind nun die Kama-wachara-Chitr völlig durch die Rupa-wachara-
Chitr verdrängt, so findet die Palingenesie in den Rupa-loka statt, aus deren
oberen Terrassen sich der Eintritt in den Strom (der Soda) eröffnet, für die
Megga (zum Neibban führend).

Nachdem die Betrachtung überall nur Aneitja, Dukkha, Anatta gefunden — („Sabbam vitatham idam", Alles ist eitel) sehnt sie sich (unbe-
friedigt und erschöpft) zur Entsagung eines Nichtsdenkens, in des Nirvana
Ruhe, welche dagegen erst durch den harmonischen Einklang kosmischer Gesetzlichkeiten gewährt sein kann, wenn die unablässige Arbeit des dialecti-

Der achtgliedrige Pfad mag von Jedem beschritten werden, bei rechtschaffener Pflichterfüllung im practischen Leben, sobald, für die letzte Vorschrift (Samadhi), Andachtsstunden eingehalten werden, auf dem Mittelpfad, — ohne beim Versinken (in Kama) durch Avixa betäubt zu bleiben, noch durch metaphysische Speculation aus übersteigerten Subtilitäten (des Wissens) in häretische Arupa hinauszuschiessen (an der Abzweigung zum Nirvana vorbei).

Während das Individuum (wenn den Megga folgend) seine

---

schen Prozesses zu den Früchten eigener Entfaltung gelangt wäre (und deren Genuss). „Der eine Wille des Wissenwollens bedingt die gesammte Geschichte der Philosophie, von Thales bis Hegel" (s. Harms), im Aufsteigen Rupa-Tanha's zu Arupa-Tanha, auf das Telos hingerichtet (Moha zu klären).

Unter Absolutheit des Nichtwissens der Avidya (am Anfang) verbleibt ein Wissenskeim in Vinyana (als Dhatu), weil aus dem Vorhandensein von Sinnessubjectivitäten und Aussen-Objecten, ein Zusammentreffen von Zweierleiheiten aufgezwungen ist, im realisirten Effect (Chakku-winjana, Sota-winjana etc.) zum Abschluss (trichotomisch).

Wenn durch Mano auf dem Wege der Meditation (in Witeka, Wichara, Piti, Suka, Ekatta, Upekha) Nama-Dhamma erreicht ist, folgt die Erlösung (in Neibban). In Sadawata (dem fünften Dhyana) weilen (neben den Kalyana Putujjhan) die Sotapan, Sakadagan, Anagan und Arhat (in die Megga eingetreten). Die Ursache aller Wesen liegt im Karman und Vibak (beim Ausreifen der moralischen Verantwortung). Indem ein jeder Gegenstand der Betrachtung sich in Aneitja, Dukha, Anatta auflöst, ist Neibban erreicht, denn, wenn sich an Allem Vergänglichkeit, Leiden, Wesenlosigkeit erweist, ist die Erlösung gewonnen (im Gegensatz des eigentlich Realen).

Um den Wunderbaum kämpfend, aus dessen Höhe und Genuss des Magha's List hinabgestürzt hat, herrschen die Asuren in Felsklüften Trikuta's, als Dreifuss den Meru tragend, der mit einer Hälfte im Wasser steht, wo sich der Eisenkerker (Chaysi's in Mikronesien) anschliesst in Hesiod's Tartarus (der Naraka, bis Avitcha), und das Ganze (durch Ajatakasa getragen) bleibt im Gegendruck (wie Nagasena am Beispiel aufsaugender Spritze erläutert) gefestigt (in Selbsterhaltung). Die oberste Spitze —, wie der Uranus im Aether (s. Völcker) — am Höchsten der Arupa ausöffnend, läuft nichtig da aus, wo es weder ein Sein noch Denken mehr (oder die Gegensätze nicht) giebt, während die Megga sich von Akanishta (dem Höchsten des anschaulich Erreichbaren in Rupa) abzweigen, oder auch direct von Djambudvipa zum Nirvana führen mögen (bei harmonischem Abgleich in ethisch einheitlicher Vollendung).

In Wechselwirkung zwischen Ayatana und Aromana, — unter Beziehung der Tan-matra (mit Indriya, als äusseren und inneren) zu den Sthula-Bhuta (in der Sankhya) —, folgen aufeinander Vinyan (Sinnesempfindung), Phasa (Berührung), Wedana (Gefühl), Sanja (Unterscheidung), Dzetana (Vorstellung), Thana (Hinstreben), Witteka (Aufmerksamkeit), Wichara (Betrachtung),

volle Befreiung erlangt, unter Mitwirkung des (in Sota) betheiligten Gesellschaftsgedankens, verbleibt dieser mit Akasa (als Nitya angehörig), für (Kant's) Wiedergeburt in der »Gattung« (beim Gang der Geschichtsentwickelung).

Alles rinnt ($\pi\acute{\alpha}\nu\tau\alpha$ $\acute{\varrho}\varepsilon\tilde{\imath}$), und rennt dahin in flüchtig vergänglicher Unwesenheit (Aneiza, Anatta), »Alles brennt« in Dukha's Weh (am »Zündstoff« Upadana's) in dem aus Awichi auflodernden Urfeuer, — genährt durch die Speisung der drei Grundübel aus

---

Dhatu, abschliessend mit der elementaren Grundlage (im periodisch Vergänglichen des Sansara).

Wenn nun aber, bei Concentrirung der Betrachtung (oder Wichara) in der Meditation (über das zum Ziel genommene Kathain), das materielle Element sich (auf den Rückwandlungsweg) wiederum in Akasa (Nitya's) verflüchtigt, dann (mit Hervortreten des Arupa-Chitr) erhält Mano sein adäquates Arom (im Arupa-Dhamma), und darüber folgt Freude (Piti) im Seeligkeitsgenuss (Suka) zur Stetigung (Ekatta) für den Abgleich (im Ubekka), so dass jetzt mit Asangkhata-Ayatana (im Gegensatz zu täuschender Maya in Sangkhara) das Selbst sich identificirt in eigentlicher Realität (Nirvana-dhatu's).

Die contemplatio (nach cogitatio und meditatio) steigt auf (in sechs Stufen) zum letzten Grad „supra rationem et praeter rationem" (b. St. Victor), in dilatatio mentis, sublevatio mentis und alienatio mentis, (mit der heiligen Schrift als Regulator für die Wahrheit des in Entrückung Geschauten). Neben den auf dem Pfad (Tariqat) Reisenden (Salik), erheben sich (unter den Fakir) die Azad (in Befreiung durch Abstraction).

Selbstbeherrschung (neben Meidung des Bösen oder Vollführung des Guten) ist der Kern in Buddha's Lehre, um (in Erkenntniss vergänglicher Nichtigkeit) die Gedanken (in allgemeiner Wesensliebe oder Maitri) auf ein dauernd Höheres hinzurichten, dem als einstimmend in allgemeine Gesetze auch das eigene Selbst, als gesetzlich Gestetigtes sich begreift. Der Schwerpunct fällt in die Viriya-Chetasik für das Buddhanusasan, im Buddhagama (des Buddhismus).

Bei der auf das Kathain (aus materiellen Elementen) fixirten Betrachtung verschwindet dasselbe vor Akasa, und der Arupa Tseit erscheint, indem sich das Tseit-Akan in Upekka verliert (für Akasa-ananda), und der von den drei Thagnia (falschen Täuschungen) Befreite hat Thamabat erreicht (in der Extase), nach birmanischer Version (s. Bigandet).

Die Panch-Indriyam sind Saddhindriyam, Viriyindriyam, Satindriyam, Sanadhindriyam, Panjindriyam (Vertrauen, Entschluss, Erinnerung, Betrachtung, Weisheit). Anjattavindriyam (völlige Erkenntniss) ist Arhattaphala (in Nibbham-dhatu).

Beim Tode zerfällt das Zusammengesetzte (im Rupakhanda) in seine Dhatu, und Vinyan bleibt einheitlich eben (weil gleichfalls ein Dhatu) für die neue Jataka, in nochmaliger Bekleidung mit Rupa (innerhalb Manussa-

den Wurzeln in Raja, Doso, Moha (Zorn, Hass, Dummheit), als Triwidhagni (oder Dreifeuer), symbolisirt durch Schwein, Schlange und Geieradler (am Centralzapfen umdrehender Weltscheibe). Wenn solche Leidenschaften (stoischer $\pi\acute{a}\vartheta\eta$) unterdrückt sind, wenn der Ariya die Megga beschreitet, dann weht es entgegen mit Kühlung des Nirwana (aus Akasa-dhatu); $\lambda\acute{e}\gamma\epsilon\iota\ \delta\grave{e}\ \varkappa\alpha\grave{\iota}$ $\varphi\varrho\acute{o}\nu\iota\mu o\nu\ \tau o\tilde{\nu}\tau o\ \epsilon\tilde{\iota}\nu\alpha\iota\ \tau\grave{o}\ \pi\tilde{\nu}\varrho\ \varkappa\alpha\grave{\iota}\ \tau\tilde{\eta}\varsigma\ \delta\iota o\iota\varkappa\acute{\eta}\sigma\epsilon\omega\varsigma\ \tau\tilde{\omega}\nu\ \ddot{o}\lambda\omega\nu\ \alpha\grave{\iota}\tau\acute{\iota}\alpha\nu$ (Heraklit), und so in Sammlung (Samadhi's) wird jenes Selbst, das im Gebündel der Khandha für kein »Atta« (in Ichheit einer persönlichen Seele)*) einzutreten vermochte, von Manas' Dhamma erfasst (in moralischer Weltordnung).

---

loka). Alle Thätigkeit der Chitr (in Vinyan) besteht indess nur in Wechselwirkung mit dem Arom, und fällt also, mit dessen Zerfall selber weg, für die in körperlichem Gegenwurf bestehende Ayatana, sobald Mano sich mit seinem Arom identificirt hat (in Verständniss des Dharma als des Gesetzes). Da nun jedoch Akasa (in Bezug auf Sotan) — und also der durch die Sprache vermittelte Culturgedanke (der Gesellschaft) — zu Nitya gehörte, hätte es ungestört zu verbleiben, und müsste deshalb, wenn (beim Eingang in Nirvana), losgelöst in Freiheit gesetzt, auf die Erneuerung wiederum einwirken (mit den Elementarwandlungen).

Das Heilswort führt aus dem Schmerz des Daseins zur Erlösung, mit der Vierwahrheit, als Dukkha (-Tanha), Dukkha-samadaya, Dukka-nirodha, Dukka-nirodhagamini-patipada (des Ariyo atthangiko magga).

Zu vier Stufen der Ariya (Sotapatti-magga, Sakadagami-magga, Anagami-magga, Arahatta-magga), führt der achtgliedrige Pfad in Richtigkeit des Glaubens (Samma-ditthi), Entschlusses oder Wollens (Sama-Kappa), Redens (Samma-vacha), Thuns (Samma-kammanta), Lebens oder Handelns (Samma Ajiva und Jiva), Willens oder Strebens (Samma-vayuma), Denkens (Samma-Sati), Versenkens (Samma-samadhi), zum Genuss der entsprechenden Früchte oder Phala (für Nirvana). Sabba papasa akaranan, Kusalassa upasampada, Sa chitta pariyo dapanan, Etan Budhanusasanam, wird (als Pratimoksha) gepredigt (in der Höhle Hurukala).

Durch stete Meditation über das Dreiwort (Aneizza, Dukha, Anatta) werden die Tihetuka-Putthujjana (unter den Puggala) alle Chitta schliesslich los, um in der Ruhe des Bhava-Chitta zu sterben (im reinen Sein). „Dann ist weder Vidya mehr noch Avidya, dann giebt es keine Beunruhigung durch das vierfache Wiederherstellen im Jhati, über neu bevorstehende Existenz, dann sind Magga und Phala erreicht, im Sotapannapuggala zunächst" (nach dem Paramatta-Miezu). Cf. R. P. I (S. 128).

*) „Empedokles hat nicht die Seele aus den Elementen zusammengesetzt, sondern er hat das, was wir Seelenthätigkeit nennen, aus der elementaren Zusammensetzung des Körpers erklärt, eine vom Körper verschiedene Seele kennt seine Physik nicht" (s. Zeller). Als $\grave{a}\pi\acute{o}\sigma\pi\alpha\sigma\mu\alpha\ \tauo\tilde{v}$

Die Leiden (im elendigen Dasein) rühren her von den (körper-lich-geistigen) Leidenschaften, den πάϑη, als κρίσεις (b. Chrysipp), und in ihrer Beschwichtigung ist die Heilung zu suchen durch εὐπάϑεια (oder ἀπάϑεια), im Gleichmuth (Upekha's), bei (sokrati-scher) Verbindung der Tugend mit Wissen (unter Klärung Avidya's durch Vidya zur Panja, oder Sophia des Sophos).

Im durchschnittlichen Gang der Dinge herrscht Raja vor, der — zur Bezähmung der (mit dem Fall hervorgebrochenen) Laster benöthigte — Zornesmuth, ein edler insofern, und so durch den Himmel der Xatrya belohnt, aber, wenn masslos in über-müthigem Stolz, von der Strafe der Hybris (hellenischer Tragödie) getroffen, bei den aus Avichi hervorschiessenden Flammen (zur Ekpyrosis oder Tejo-sangwarttha).

Wenn Gehässigkeiten das Leben verbittern, in zankendem Streit (»omnium contra omnes«), verursacht solcher Dosa (Hass) den Bitterregen (Kharadaka) und Austilgung durch die Fluth (in Apo-sangwarttha).

Mit Ueberwiegen der Dummheit (Moha) ist Alles zu Ende (in Vayo-sangwarttha), denn dann verweht in Nichtigkeit das Ganze (des σύστημα, in Sankhara's Zusammensetzungen) vom Grenzgebiet der Transcendenz (im fünften Dhyana) bis zu dem auf Ajatakasa ruhenden Pathavi-sila, im starren Urgestein, bis wohin (je nach den Controversen über Pflanzenseelen) die Palingenesien absterben mögen, wenn vor dem Ruf des vom »Alten der Tage« (»the dewa of many ages«) gesandten Warnungsengels die Scheidung einge-treten ist, zwischen Bösem und Gutem, damit diese flüchten aus Maharloka zu Janaloka (oder höher hinauf, bis Brahmaloka).

Alles liegt jetzt todt und leer (im Tuchhyena), — damals, »als weder Sein noch Nichtsein war« (im Rigveda), bis den im eigenen Selbst eingewickelt Schlummernden (»qui formam velatam vel cusam habent«, wie auf der Nachbarterrasse der Asandjni-sattwas) der Stundenzeiger des Karman das Erwachen anzeigt (für Brahm's Regungen im Tad).

Weil jetzt lebendig wieder, durch die Chetasika Sandjna's, können sie, wo solche ausfällt, nicht verbleiben, sondern haben ihr demgemäss andersartig adäquates »Milieu« zu suchen, in Rein-

---

ϑεοῦ (b. Epiktet) entzündet sich die Seele im Herzen (der Stoa), am Herrscher-sitz des Hegemonikon auf des Hauptes Scheitel (der „Akropolis" des Leibes) thronend (gleich Ming Khuam der Thai). Cf. Vlkr. ds. östl. As. (III, p.).

heit der Subhakritsnas, oder, bei weiterem Sinken, in Lichthelle
des zweiten Dhyana, bis dann im ersten die Fallneigung zum
Stehen gelangt, und nun, also mit temporär momentaner Stauung
des (dactylischen Kratylus umspülenden) Flusses, die Neu-
schöpfung beginnt, durch Reaction von unten her; aus Moha
also, so dass Avidya zum Anfang gesetzt wird (als Hetu).

Was hier, in dritter Gliedverkettung der Nidana, mit Vinyana
hinzukommt, stammt demnach aus solchen Höhen, von wo die
Kalyanaphuttujjana ihre (idealistische) Anamnese schon mit sich
herabbringen, in die Menschenwelt (Manusha-loka's auf Djambudwipa).

Indem hier nun (durch Predigen des Heilswortes) des in Bodhi
(erlaucht) Durchleuchteten — ein (platonisch) »Gotteserleuchteter«
(bei Proklus) — die Wiedererinnerung erweckt wird, kann sie auch
bei den Andhaphuttujjana (und ihren Kameraden) aus den ein-
gestreuten λόγοι σπερματικοί zum Aufsprossen gezeitigt werden,
um in den Phala (oder Früchten) der Megga zu reifen (auf dem
achtgliedrigen Pfad der Erlösung).

Wenn nach der allnächtlichen Zerstörung am Ende eines
Brahma-Tages, — wobei die (brahmanische) Zahl von 36,000 Um-
wälzungen mit der buddhistischen von 36,000,000 Jahren cor-
respondirt, als Existenzdauer Sakra's auf dem Maha-Meru (der
zuerst neu wiederhervortritt —, beim folgenden Pralaya Alles ver-
nichtigt ist, zwischen Ajatakasa und Wehappala (im Waya-
sangwartta) und der aus der Terrasse der Prachadya aufwärts
nun Geflüchtete auf die Höhenschichtung der Asanjasatya*) sich
zurückgezogen hat, liegt er dort im Tiefschlaf, bis mit Erfüllung
seines Karman niedersinkend zur Grenze (brahmanischer) Tapasa-
loka's (mit den sieben Rishi), wo Mara (des Buddhismus) dem
(in Maha Brama-loka) über ihm Seienden huldigt (als Erst-
entstandenem).

In Tavatimsa geschieht die Zeugung der Deva noch nach
Weise der Menschen, dann durch Umarmung nur, durch Um-
schlingen der Finger weiter oben, durch Anlächeln ferner, bis der

---

*) In decimo ordine angelorum Phrom reperiunter Asanja-Phrom, qui
formam caelatam habent absque spiritu et vita (s. Pallegoix), ohne Nama,
aber mit Itthattan (Weiblichkeit) und Purisattan (Männlichkeit) einge-
schlossen (in Rupakhanda), obwohl die männliche Umwandlung des Weib-
lichen eingetreten ist (auf den Rupaloka).

Anblick genügt; und so (bei der Insichselbstversenkung) blickt
Brahma (unter vierfacher Kopfverdrehung) hin auf seine Tochter
Satarupa, »omne enim corpus est« (σῶμα ἄρα ἡ ψυχή).

Jetzt bei Wechselwirkung der Tan-Matra (Kapila's) mit Panch-
Maha-Bhuta (in Bhavani) entspringen die Chitta (Vinyana's), und
so, indem träumerisch die Erinnerung auftaucht, an das, was
vormals früher einst gewesen, steht sie wieder da (in den »Dingen
alle zusammen«) die Vorstellungswelt (einer Sankhara).

Πάντα χρήματα ἦν ὁμοῦ, εἶτα ὁ νοῦς ἐλθὼν αὐτὰ διεκόσμησε
(s. Anaxagoras), und solcher, als εἰκών des »Hen« (b. Plotin),
die Seele zeugender Nous (ψυχὴν γεννᾷ νοῦς) kommt (b. Aristoteles)
ἔξωθεν hinzu, von Aussen- oder Obenher (aus Adrishta). Im
moralischen Halt des die Zusammensetzungen einigenden Bandes
steht Sankhara für πρᾶγμα, an Stelle von χρῆμα (seit Plato).
Hier hat sich trotz Burnouf's scharfsinniger Bemühungen um die
den Commentatoren (wie Hodgson, Goldstücker, Klaproth, Schmidt
u. s. w.) entnommenen Erklärungsversuche unter einen Hut zu
bringen, mancher Stein des Anstosses zwischengeschoben, für die
Lehren von den Nidana, auf deren »völlig unverständliche Erklärungen« weiter einzugehen der Verfasser des als massgebend
anerkannten Handbuchs des Buddhismus in einfachster Kürze un-
bedenklich verzichtet. Dass der Abhidharma, als »den Göttern
gepredigt«, menschlichem Verständniss unzugänglich bliebe, würde
relativ nur stichhaltig gelten dürfen, wenn »bonus ipse tempore
tantum a deo differt« (wie Seneca meint), so dass es sich nur um
die Zeit zunächst zu handeln hätte, und Musse am Fanum Va-
cuna's, geflügelt gleich Nike (und siegreich im Erfolg). Die in
der »Erziehung des Menschengeschlechts« gestellten Fragen, über
Erneuerungen des Daseins, harren noch ihrer Antwort, bis sie
im »naturwissenschaftlichen Zeitalter« gesprochen sein wird, aus
ethnischer Psychologie (beim Ueberblick der Elementargedanken).
Immerhin liegt es bei den Nidana einfach genug für indische
Logik; und ihrer Gedankensprache Kunst zu erlernen, ist keine
grosse Kunst. Wer andrerseits fremdländisches Kauderwälsch
(die Sprache der »poetae peregrinum quiddam sonantes«) sich
lieber vom Leibe hält, der erspart sich seine Sorgen (des Koheleth),
nach palaiotropischem Spruch (Was man nicht weiss, das macht
nicht heiss).

Die dritte Tafel illustrirt den mechanischen Process der Metamorphosen in Metasomatosen (statt Metempsychosen) bei der Wiedergeburt (als Palingenesien) und findet sich Näheres auf Tafel XXI (»Ideale Welt«, Bd. III).

Der brutal rücksichtslose — keine Standesunterschiede (sowenig wie die »chorea Machabaeorum«) achtende — Henkersknecht (des »Ferchgrimmen«) ist in voller Arbeit (wie abkonterfeit). Dem Einen wird sein Fell grade über die Ohren gezogen, um in dem Tretrad der Altweibermühle festgewalkt zu werden, worauf dann, [je nach dem von Lachesis an (platonisch) drehender Weltspindel ertheilten Loose], die Wiedergeborenen hervorschreiten, niederwärts in Thierleiber einverkörpert bald, bald in das Elend der Bettler und Krüppel, oder nach obenhin, in (weiblich) blühender Jugendfrische sowohl, wie in Wohlbehäbigkeit der Existenz, auch im Würdenrang (geistlichem, königlichem u. s. w.).

Der wohlgesinnte Missionär dagegen, dem diese Zeichnung zu danken ist, sucht die mit fröhlichen Hoffnungen aus dem Eisenverschluss des Karman hervorkrabbelnde (und mit ihrem Pass für den κλειδοῦχος τῶν οὐρανῶν voraussichtlich bereits versehene) Flüchtlinglin in Sicherheit zu bringen, soweit dies dem Kopf der »Sauvages« verständlich zu machen wäre, da ihre „philosophes rustiques« (in Canada) meinten, »que la foi dont les Jesuites leur rompoient la tête n'était autre chose, que tirerigan (c'est à dire persuasion), qu'être persuadé, c'est voir de ses propres yeux une chose ou la reconnaitre par des preuves claires et solides« (s. Lahontan). »Je m'assure que vous vous joindrez à moi pour plaindre le déplorable état de ces ignorans« (fügt der Briefsteller an seinen Correspondenten hinzu). Doch ging es auch anderswo so (oder ähnlich). Als — bei den Religions-Conferenzen an Kublai's Hof (nach Beschreibung der himmlischen Seligkeiten) darum befragt, ob er selbst in dem Himmel gewesen, — Rubruquis

sich statt dessen auf die Autorität heiliger Bücher berief, meinte
sein islamitischer Opponent, dass dies Argument auch anders
Sectengläubigen zu Gebote stände; obwohl ausserdem indess für
Berichterstattungen nach dem Augenschein die ethnischen Zeug-
nisse nicht fehlen, da sich die Kamschadalen auf ihren Hätsch
berufen können, die Zulu auf Uncama, die Armenier auf Er, die
Finnen auf Wäinämoinen, die Mangaier auf Veetini, die Hawaier
auf Namaka-o-Milu, die Maori auf Te Wharewera's Tante, die
Ojibwa auf ihren Propheten, Classiker auf Odysseus' Unterwelts-
fahrten, die Scandinavier auf Hermodr's Ritt (oder achtfüssiges
Pferd) etc. Sir Owain wagte den Abstieg in St. Patrick's Fegefeuer,
der heilige Brandan schweift in die Weite, und unter den Ergänzungen durch St. Fursäus (640 p. d.), St. Barontin (684 p. d.),
Druthelmus (696 p. d.), Tundalos (1144 p. d.), Oenus (1152 p. d.)ͺ
Wethimus, Gilbert u. s. w., redet des Knaben Alberich's Vision
aus dem Munde des ›altissimo poeta“, um eine ›divina Commedia‹
zu inszeniren (unter dem von Virgil gedichteten Prolog, zur Einführung oder Führung). . Dem Buddhismus steht höchste Autorität
zur Verfügung im Thaumathurgus Mugalan, dem Lieblingsschüler
Buddha's, der zur Bereisung von Himmel und Hölle ausgesandt,
bei der Rückkehr seine Tagebücher veröffentlichte über das, was er
überweltlich erlebt, — ohne freilich Nirvana-puri selber, (selbst-
verständlich), betreten zu haben. Um dorthin zu gelangen, be-
durfte es vorher noch seines Märtyrerthums (unter den Mörder-
händen der von den Tirtthakas angestachelten Creaturen), da
selbst dem Heiligsten nicht sein Leidenskelch erspart wird (in
der Passion), cf. ›Ideale Welten‹, III (Tafel XI).

Nachschrift.

Bei einem während der Weihnachtsferien im Museum für Völkerkunde abgehaltenen Cyklus von Vorlesungen über den Buddhismus, waren dieselben (indem die Räume der Aula für die Anmeldungen nicht ausgereicht hatten) mehrfach zu wiederholen gewesen, und so auch derjenige, der die Unterlage für diese Veröffentlichung bildet. Da kein niedergeschriebenes Manuscript vorlag, mag die Ausdrucksweise von Wechseln betroffen worden sein, und Gleiches wird voraussichtlich auch für die jetzige Zusammenfassung gelten, was betreffs aufstossender Abweichungen für die Leser zur Erwähnung gebracht wird (sofern sich aus den damaligen Zuhörern darunter finden sollten).

In Sachen der (auf Grundlage der aus Ceylon erhaltenen Originalzeichnungen angefertigten) Wandkarte*), welche bei den Vorlesungen zur Illustration derselben diente, sind in der Zwischenzeit weitere Ergänzungen hinzugekommen, so dass die Herausgabe noch hinausgeschoben bleiben muss. An deren Stelle sind einige Reproductionen aus früheren Werken beigefügt, in drei Tafeln, von welchen die zweite eine verkleinerte Wiedergabe der früher colorirt publizirten giebt, (als Copie des in den Sammlungen des Museums für Völkerkunde aufbewahrten Originals).

Die Schreibweise der buddhistischen Kunstausdrücke ist je nach den Texten, woher entnommen, in den dort vorgefundenen Variationen beibehalten. Der Fachgelehrte erkennt auf den ersten

---

*) In Vergrösserung des früher schematisch gegebenen Umrisses, cf. „Ethnologisches Bilderbuch" (Tafel VIII). Die Vorlage zu Tafel I (nach der in Colombo veranlassten Abzeichnung) findet sich im hiesigen Museum, (die zu Tafel III ist dem von München zu danken), Tafel II auch im E. B. (Tafel V).

Blick, was gemeint sei (um die Unterschiede zurechtzustellen),
und wem es zunächst auf die Sinnesbedeutung selber ankommt,
würde bei den immerhin an sich bereits fremdartig abschrecken-
den Namen mit Zwischenschieben eines linguistischen Commentars
nicht viel geholfen (kaum auch wohl gedient) sein, um das Verständniss*) zu erleichtern, (wenn nicht aus dem Zusammenhange
zu entnehmen).

Gerade im Buddhismus läuft viel Verschiedenartiges durch-
einander, da nicht nur die Texte selbst theils dem Pali, theils
dem Sanscrit angehören, sondern auch die vernaculären Deutungen
zu differiren haben (im Birmanischen, Siamesischen, Ceylonischen,
Mongolischen, Tibetischen u. s. w.), unter populären Versionen,
nach den Transscriptions-Methoden ohnedem (sowie in Jen Ueber-
setzungen, französischen, deutschen, englischen Styls, und dergleichen mehr).

Wer sich eingehender zu unterrichten wünscht, besitzt (in der
Literatur) die Handbücher der hier massgebenden Autoritäten zur
Verfügung gestellt (Burnouf, Barth, Feer, Williams, Rhys-Davids,
Edkins, Beal, Hardy, M. Müller, Schiefner, Weber, Oldenberg,
Köppen u. A. m.), durch deren verdienstvoll erfolgreiche Thätig-
keit diese bisher fernliegenden Vorstellungskreise näher gerückt
sind, um einem Jeden zugänglich zu sein, bei Interesse für eine
Gedankenwelt, welche die Geschicke der »Humanitas« in längerer
Dauer und weiterem Umfang beherrscht hat, als je eine andere
(in Religion und Philosophien). Wem solcher Fernblick, und das
Verwunderliche fremdartiger Absonderlichkeiten, in seinen Kram
(oder seinen Geschmack) nicht passt, mag im eigenen »Gehirn-
brei« (pessimistischer Licenz) fortwühlen, ganz wie ihm ge-
fällt, je enger, desto bequemer (in engster Einkapselung). Der
Menschheitsgedanke freilich kümmert sich wenig um solch sub-
jective Idiosynkrasien seiner Kinder, ob ungehobelter (in roher

---

*) Neben Chetana entspricht (passivisch) Chitta oder (activisch) Chinta
(in Sanscrit und Pali) mit Chitr (siamesisch), Sit (ceylonisch), Zeit (birma-
nisch); Vijñâna (Sanscrit) oder Viññana (Pali), dann Vinyana, Vinjana
(Vijnana, Winjan, Winyan u. s. w.); saṅkhâra oder saṃskâra; chalâyatanam
oder shaḍâyatana; Tiracchana-loka (Tirajjana) oder Tiryagyoni; tanha oder
trshnâ; kamman oder karman; cattâri ariyasaccâni oder chatur-widha-arya-
satya (chatura-aryasacchani); mokkho oder moksha; nibbânam oder nirvâṇa
(neibban) u. s. w.

Wildheit), ob civilisatorisch verhätschelter. In der Naturwissenschaft (unseres »naturwissenschaftlichen Zeitalters«) handelt es
sich nicht um Gross oder Klein, um Hässlich oder Schön, um
Süss oder Bitterlich, um Angenehm oder nicht, um Gehässigkeiten
oder Liebhabereien, um Possenspiel und Ergötzlichkeiten mehr,
es handelt sich zunächst um die Thatsachen einzig und allein,
nüchtern, trocken und dürr, wie sie sind, aber treugerecht wahr
(in Objectivität). Und »facts are stubborn things«, nicht fortzu-
schaffen mit Gedankenkunst, wie Mancher gern wohl möchte,
um neue Arbeitslast zu sparen, die heranzuziehen droht: mit neuen
Fragen und Fragestellungen, neue Beantwortungen heischend in
der »naturwissenschaftlichen Psychologie« (betreffs ihrer Völkergedanken).

Doch hat sich in unserer Dialektik (der »Architectonik alles
Wissens«) eine so wohlerprobte Schule herangezogen, dass der,
Fortgang von den »verités de fait« zu den »verités de raison«
keine Schwierigkeiten bieten kann, sobald beim (»denkenden«)
Mennisk (als Zoon politikon) die Gesetze seines psychischen Wachs-
thumsprocesses festgestellt sein werden, auf Grundlage der ethni-
schen Elementargedanken (und deren Werthgrössen im logischen
Rechnen).

A. B.

Druck von G. Bernstein in Berlin.

Druck von G. Bernstein in Berlin.

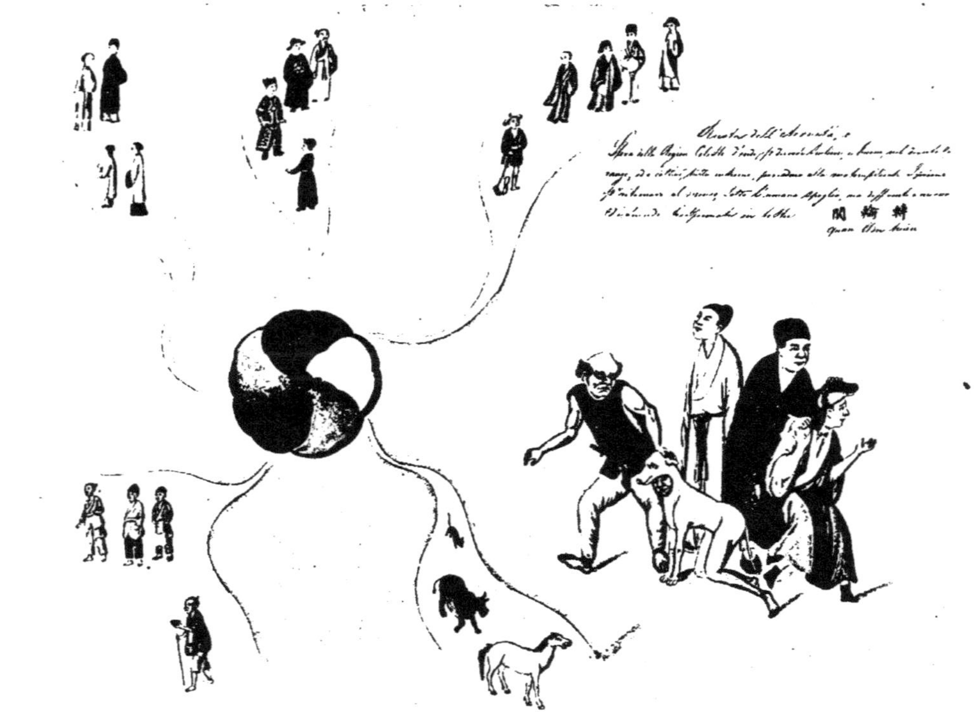

Die Asankhya (obwohl „zahllos") liesse sich nach den Tropfen eines dreijährigen Regen's (s. Buchanan) auszählen, über die ganze Flächenbreitung hin bis zur Sakwala (3 610 350 Yozanas), für den Regenmesser Tscherra-pundji's am geeignetsten, nach Millimeter (20 Tropfen auf den Gran etwa).

Die Chiliokosmen etc. werden im Mahayana erörtert (s. Résumat), mit Möglichkeit der Vervielfältigungen (aus der Rechnungsmethode).

Die Fallberechnung des Stein's gilt für die Abtiefungen (unter) der Erde, bis Awichi (S. 21), oder bis zur Oberfläche der Erde (S. 47).

Printed in the USA
CPSIA information can be obtained
at www.ICGtesting.com
LVHW011641190224
772267LV00038B/1049